이왕 시작한 거
딱, 100일만 달려 볼게요

이왕 시작한 거
딱, 100일만 달려 볼게요

초판 1쇄 인쇄 2021년 3월 30일
1쇄 발행 2021년 4월 10일

지은이 **이선우**

펴낸이 **우세웅**
책임편집 **김은지**
기획편집 **장보연**
콘텐츠기획·홍보 **박서영**
북디자인 **박정호**

종이 **앤페이퍼**
인쇄 **㈜다온피앤피**

펴낸곳 **슬로디미디어그룹**
신고번호 **제25100-2017-000035호**
신고년월일 **2017년 6월 13일**
주소 **서울특별시 마포구 월드컵북로 400, 상암동 서울산업진흥원(문화콘텐츠센터)5층 20호**

전화 **02)493-7780**
팩스 **0303)3442-7780**
전자우편 **slody925@gmail.com(원고투고·사업제휴)**
홈페이지 **slodymedia.modoo.at**
블로그 **slodymedia.xyz**
페이스북.인스타그램 **slodymedia**

ISBN **979-11-88977-76-5 (03180)**

※이 도서의 국립중앙도서관 출판예정도서목록(CIP)은 서지정보유통지원시스템 홈페이지(http://seoji.nl.go.kr)와 국가자료공동목록시스템(http://www.nl.go.kr/kolisnet)에서 이용하실 수 있습니다.

※잘못된 책은 구입하신 서점에서 교환해 드립니다.

이왕 시작한 거 딱, 100일만 달려 볼게요

나이 50, 저질 체력과
갱년기 극복을 위한
100일 달리기!

• 이선우 지음 •

설렘

목차

Chapter 3 100일 달리기

Chapter 4 다시 꿈을 꾸다

프롤로그①

50세, 다시 꿈꿀 수 있을까?

해가 뜬 지 한참 지난 것 같다. 침대에서 몸을 뒤척였다. 일어나야 한다고, 뭐라도 해야 한다고 머리는 계속 말하고 있지만, 몸은 꿈쩍도 하지 않는다. 모든 의욕이 사라지고 몸속에 진이 다 빠져 버린 느낌이다. 무기력하고 우울했다. 그러고 보니 요 며칠 이런 날이 지속되었다. 이렇게 살아도 되나? 이렇게 늦게까지 누워 있어도 되는 걸까? 나만 이런가? 누구보다도 열심히 살았다고 자부하는데.

문자가 왔다. "강사님. 강의를 연기해야겠어요. 시국이 이러니 우리도 조심해야 할 것 같아요." 전화가 울렸다. "아무래도 이번 강의는 취소해야 할 것 같습니다. 다시 계획이 잡히면 연락드리겠습니다." 예약되어 있던 강의가 줄줄이 취소되거나 무기한 연기다. 깨알같이 적혀 있던 스케줄들이 하나둘 비어 가더니 곧 백지가 되어 버렸다. 이런 일을 안 겪어 본 것도 아닌데, 이번에는 왠지 느낌이 다르다. 기약이 없다. 언제까지 이렇게 살아야 할까?

흔쾌히 괜찮다고 했다. 괜찮지 않아도 이렇게 이야기해야 한다는 건 업계에서 불문률이다. 나는 동에 번쩍 서에 번쩍 역마살이 낀 것 마냥 전국을 누비며 강의를 하는 사람이다. 강의를 준비하는 시간, 남에게 뒤처지지 않으려고 자기 계발에 쏟은 시간에 주부의 삶까지 더해서 바쁜 삶이었다. 잠시라도 쉬면 내 삶에 대한 직무를 유기하고 있는 것처럼 느껴져 더 열심히 살기도 했다. 그런데 마른하늘에 날벼락도 아니고, 앞으로 달려가는 일만 남은 줄 알았는데… 괜찮지 않았다.

주섬주섬 몸을 일으켜 화장실로 향했다. 얼굴에 힘껏 찬물을 끼얹고 양치질을 하려다가 거울 속의 나와 눈이 마주쳤다. 어? 거울에 비친 내 모습이 낯설다. 분명 나인데, 거칠고 황량했다. 상체를 기울여 가까이 다가갔다. 하얀 머리카락이 올라와 있다. 아, 나도 어느새 중년이구나.

열심히 살 때는 몰랐다. 이것저것 챙기고 준비할 일이 한두 가지가 아니었다. "바쁘다."를 입에 달고 살았다. 누워 있을 시간조

차 없을 때는 달콤한 것, 빠르게 당을 보충할 수 있는 것을 자주 먹었다. 간식을 먹으면 잠깐이라도 힘이 나니까.

그렇게 근면하고 성실하게, 바르고 착하게 살았다. 그렇게라도 살면 흙수저를 물고 태어난 내 삶을 조금이라도 보상 받을 수 있을 것 같았다. 그런데 이제야 여유가 생기고, 누군가 불러 주면 달려갈 준비를 마쳤는데. 세상은 내 기대와 전혀 다른 방향으로 흘러갔다.

아들이 대학에 입학하고, 남편도 바빠져 더는 집에서 나를 찾는 이가 없었다. 존재만으로도 빛나는 사람이 되고 싶었지만, 나도 모르게 삶의 유용성에 더 큰 비중을 두었나 보다. 유용성이 사라진 존재. 갑자기 주어진 많은 시간은 빈껍데기만 남은 나를 여실히 보여 주었다. 거부하려야 거부할 수 없는 삶의 흔적들은 내 몸과 마음에 상처를 남겼고, 갱년기라는 통과의례를 받아들여야 하는 시간이 되었다. 몸도 마음도 혼란스러운 그때, 갱년기를 받아들이던 그때, 나는 나에게 물었다.

"너 다시 꿈꿀 수 있니?"

꿈꾸는 자에게 나이는 없다

나는 군인이 되고 싶었다. 엄마 말로는 여섯 살쯤부터 군인이 되고 싶다고 했단다. 밤마다 별똥별을 보며 소원을 빌었다. "군인이 되게 해 주세요." 그래서 나는 정말로 고등학교를 졸업하고 여군 시험에 응시해 군인이 되었다. 아무튼 떨어지는 별에 소원을 빌 정도로 간절한 꿈이었다.

그런데 군인의 꿈은 너무 쉽게 이루어져 버렸고, 5년 5개월 만에 제대한 후로 다시 꿈이 없는 시절을 보냈다. 그러다가 두 번째 꿈이 생겼다. 고등학교 때 《레크리에이션 교본》이라는 책을 갖고 있었는데, 책을 보면서 막연히 사람들을 즐겁게 해 주는 레크리에이션 강사가 되면 좋겠다고 생각한 것이다. 그리고 운명처럼 제대 후 기회가 왔고, 나는 바로 관련 강의를 듣고 자격증을 땄다.

그러나 세상은 호락호락하지 않았다. 지루하고 긴 무명 강사의 시간을 보내야 했기 때문이다. 배고픈 시절이었고, 배고픈 만큼 일을 더 잘하고 싶다는 열망이 가득했다. 원하는 일이었기에 배고픔과 고달픔을 견뎌 낼 수 있었다. 더 찬란한 내일이 있으리라는 기대가 있었으니까.

무명 시절, 강사들이 꺼리는 사회복지 시설이나 교도소 등을 다니며 실력을 갈고닦았다. 덕분에 나는 잘나가는 강사는 아니더라도 한 번쯤은 더 불리는 강사가 되었다. 그러다가 늦은 나이에 결혼을 하고, 아이를 낳고는 전업주부로 살았다. 그런데 아이가 어느 정도 자라자 학력에 대한 열등감이 꿈틀대기 시작했다. 그래서 서른 막바지에 석사 공부를 시작하며 다시 사회로 나와 배움의 즐거움에 푹 빠져 지냈다. 육아와 살림, 돈벌이와 학업을 병행하는 일은 고되었지만, 그래도 즐거웠다. 잠을 아껴 가며 공부하고, 아무리 늦게 자도 아침이면 벌떡 일어났다. 열정이 있는 시절이었다. 그런데 한 계단 오르면 다음 계단이 보인다고, 석사 학위를 받고 나니 한 번도 꿈꿔 보지 않은 박사 학위에 대한 꿈이 생겼다. 무식하면 용감하다고 했던가. 나는 박사 학위에 도전했다. 몰랐으니까, 하면 된다고 했으니까. 믿고 싶은 것만 믿으며 나아갔다. 그러나 실제로는 지식도 경제력도 젊음도 부족했다. 있는 거라고는 배움에 대한 열정뿐이었다. 그 열정에 교수님들은 백기를 들었고, 나는 박사 학위를 땄다. 그리고 50세가 되었다.

박사 학위를 받으면 세상이 바뀔 줄 알았는데 변한 건 없었다. 무언가 더 나아지리라는 기대는 박사 학위와 함께 박살 나 버렸다. 절망했다. 더 많은 꿈을 꾸고, 하고 싶은 일을 자유롭게 할 수 있을 거라는 기대가 있던 자리에 우울과 좌절감만이 자리 잡았다. 거기에 갱년기는 엎친 데 덮친 격이었고, 코로나19라는 상상도 못해 본 사건이 터졌다. 그야말로 사면초가였다.

무료하고 우울한 날들이 지속되었다. 일상이 무너지고, 사람을 만날 수 없게 되면서 게으르고 나태해졌다. 아침에 눈뜨면 해가 중천이었다. 예전에는 새벽에 벌떡벌떡 잘도 일어났는데, 이제는 그렇지가 않았다. 이렇게 살기 싫었다. 할 일이 없어도 부지런하고 성실하게 살고 싶었다. 그럼 해 보자. 할 일이 없으니 일단 할 일을 만들어 보자. 나는 매일 글을 쓰고, 일찍 일어나기로 마음먹었다. 글을 잘 쓰는 사람이 되고 싶고, 건강한 사람이 되고 싶었기 때문이다. 이런 마음을 함께 운동하던 선배에게 전했더니, 선배는 대뜸 "그럼 해 봅시다. 우리 매일 새벽 5시 반에 만나 10km씩 딱 10일만 달려 봅시다."라고 말했다. 그렇게 10일간 새벽 달리기가 시작되었고, 10일은 30일이 되고, 100일이 되었다.

이 책은 100일 달리기를 했던 기록을 바탕으로 쓴 글이다. 초등학교 시절부터 관절염을 앓았고 몸무게가 많이 나가 달리는 건 엄두도 못 내던 나였다. 게다가 갱년기라는 제2의 사춘기는 모든 의욕을 빼앗고 식욕만 남겨 두어 늘어나는 건 뱃살과 몸무게뿐이었다. 몸무게가 많이 나가는 사람은 달리기 어렵다는 생각, 50세가 넘으면 무릎을 조심해야 한다는 생각에 시도조차 하지 않았더라면, 지금의 나는 없을 것이다. 그 모든 악조건에서 100일을 달리며 나는 비로소 성숙해지고, 다시 꿈꾸게 되었다.

50세가 넘어도 꿈꿀 수 있을까? 하고 싶은 일이 있을까? 열정이 남아 있을까? 그런데 반백이 되어 보니 알겠다. 아니, 100일을 달려 보니 알겠다. 50세는 아직도 청춘이고 꿈꾸기 좋은 나이라는 것을. 웃음을 통해 행복을 배웠듯이 100일 달리기를 통해 인생을 배웠다. 행복도 배우고 연습하고 노력할수록 배가 되는 법이다. 체력과 건강도 그러하다.

이 책이 누군가의 가슴속에 잠들어 있는 거인을 깨우는 일에 도움이 되면 좋겠다. 지천명의 나이에도 삶은 계속된다는 것, 백살까지 달리며 살 수 있을 거라는 미래를 꿈꾸며 말이다.

다시 봄이 오고 있다. 곧 대회가 열려 많은 사람과 함께 달릴 수 있기를 바란다. 100일을 함께 달려 준 김명순, 박주훈, 김명원, 이미숙, 하상미, 곽동근, 이명화 그리고 미라클 패밀리에게 감사를 표한다. 곧 완전체로 모여 얼굴을 보며 달리고 웃고 떠드는 날이 오기를, 그리고 미숙이가 다시 건강하게 우리와 달릴 그날을 기대한다.

빠르지 않아도 천천히 꾸준하게 안전하게. 적어도 멈추지 않고 달리다 보면 나도 달리는 할머니가 되어 있을 것이다.

이선우

CHAPTER 1

어느 날 문득

이왕 시작한 거

딱, 100일만

달려 볼게요

01

사람은 무엇으로 사는가?

"떠나자!" 듣기만 해도 가슴 설레는 말이다. 심란하고 마음이 답답할 때, 매일 같은 일상을 쳇바퀴 돌듯 살아야 할 때, 그러다가 문득 삶의 의미가 궁금해질 때쯤이면 어디론가 훌쩍 떠나고 싶어진다. 그곳이 어디든.

여기 친구의 장례식장에서 만난, 네 번째 스무 살을 넘긴 81세의 죽마고우들이 있다. 얼굴은 세월만큼 겹겹이 쌓인 잔주름이 가득하고, 키는 등이 굽어 한 뼘 작아져 있다. 게다가 걸음은 느리고 손은 떨린다. 서로의 변해 버린 모습에 말이 없다. 이때 한 친구가 사진 한 장을 꺼내 놓으며 말한다.

"모터사이클 어때? 우리 떠나자!"

사진 속에는 젊은 시절 모터사이클을 타던 건장한 사내들의 모습이 담겨 있었다. 모터사이클은 젊은 사람도 다루기 힘든 물건으로, 함부로 운전대를 잡았다가는 휘청이기 십상이다. 이런 모터사이클을 81세 할아버지들이 탄다니! 암 투병, 청각장애, 심장질환, 관절염을 앓고 있는 어르신들이 감히 도전할 수 있는 일이 아니었다. 나는 '그럼에도 불구하고'라는 말을 참 좋아한다. 삶이 '그럼으로'로만 정의되었다면 희망을 꿈꿀 수 없을 텐데, '불구하고'가 붙어 희망을 꿈꿀 수 있게 된 것 같아서다. 아무튼 그렇게, 누구라도 말렸을 법한 일임에도 불구하고, 81세의 라이더들은 바이크를 타고 홀연히 떠났다.

그리고 이 이야기는 실화를 바탕으로 한 대만의 한 은행 광고이다. 이들은 실제로 60일간의 준비 기간을 거쳐 국토를 종단해 1,139km를 13일간 달렸다.

할아버지들은 왜 모터사이클에 다시 올랐을까? 영상은 이들의 일상을 비추며 묻는다. "사람은 무엇으로 사는가? 떠나간 누군가를 그리워하기 위해? 더 오래 살기 위해? 그것도 아니면 여전히 살아 있기 때문에? 아니면 죽기 위해?"

친구의 장례식장에서 만난 옛 친구들은 늙고 초라해진 서로의 모습을 통해 자신의 모습을 보았다. 늙고 병들고 약해져 생의 의지도 보이지 않는 희미한 인생, 누군가에게 의지해야 하고, 보살핌을 구해야 하고, 폐를 끼치고 살아가야만 하는 외로운 처지를 말이다. 떠나자는 말은, 늙음이라는 껍데기 속에 갇혀 버린 자신으로부터의 탈출을 의미한다. 가죽 재킷을 꺼내 입고 키를 돌리는 순간, 육중한 기계의 떨림이 머리끝까지 전해졌을 때, 81세의 청년들은 푸르던 그날로 되돌아갈 수 있었다. 청춘(靑春), 인생의 푸른 봄이 다시 그들에게 돌아온 순간이었다. 그리고 그들은 눈앞에 푸른 바다가 펼쳐졌을 때, 비로소 넘치도록 차오르는 생의 환희를 온몸으로 느낄 수 있었다. 이제 그들은 꿈이 있기에 늙어도 늙지 않을 것이며, 몸은 약해져도 삶을 대하는 인격은 날마다 경이로울 것이다. 영상의 말미를 장식한 문장이 다시 한번 나를 뒤흔들었다.

"사람은 무엇으로 사는가?"

02

어른에게는 어른의 꿈이 필요하다

“행복해? 행복하냐고? 고장 난 신호등처럼 허우적거리고 사는 게 행복해? 아, 물론 인정해. 사람은 누구나 제각각이라서 돈이 최고인 사람, 김치 한 조각에 밥만 먹어도 되는 사람, 그 돈 다 모아서 에티오피아 난민한테 보내 놔야 다리 뻗고 자는 사람… 그래 다양하지. 옳고 그른 건 없어. 다 자기 가치에 따라 살뿐이야. 그래서 넌 지금 이 순간, 행복하냐고.” 불쑥 내 심장을 찔렀던 이 문장은 드라마 〈베토벤 바이러스〉의 대사로, 재능은 있지만 현실 앞에 주저하는 청년을 찾아가 다시 지휘를 배우라고 설득하는 장면이다. “쳐다보기만 해야 하는 별. 지금 누가 황당무계 별나라 얘기 하재? 네가 뭔가를 해야 할 거 아니야! 조금이라도 부딪히고, 애를 쓰고, 하다못해 계획이라도 세워 봐야 거기에 너의 냄새든 색

깔이든 발라질 거 아니야! 그래야 너의 꿈이라고 말할 수 있는 거지. 아무거나 갖다 붙이면 다 네 꿈이야? 그럴 거면 의사, 박사, 변호사, 판사 몽땅 갖다가 다 네 꿈 하지 왜? 꿈을 이루라는 소리가 아니야. 꾸기라도 해 보라는 거야!"

살면서 누구나 한 번쯤은 꿈을 꾼다. 그러다가 커지는 몸만큼 꿈은 작아지고 어느 순간 소멸하고 만다. 그때의 인격체를 우리는 어른이라고 부른다. 그러고 보면 꿈은 어른의 반대말이다. 어른에게는 미래보다 현재가 중요하고, 희망보다는 당장 먹고사는 일이 중요하고, 가능성보다는 확실한 안정이 중요하고, 내 생각보다는 타인의 판단이 더 중요하다. 나도 그랬다.

어른이 되면, 꿈의 시제가 바뀐다. '꿈이 있었다'라는 과거를 붙들고 자위하는 삶은 불행하다. 희망에 들뜬 사람은 절대 과거에 얽매이지 않는다. 현재가 불행하면, 미래는 불보듯 뻔하다. 그래서 행복하기 힘들다.

어른은 어른의 꿈을 가져야 한다. 아이에게만 꿈이 필요한 게 아니다. 아이에게는 지켜 줄 부모라도 있지만, 어른은 홀로 서야 하기에 그 어떤 존재들보다 시리고 외롭지 않은가.

우리에게는 꿈이 필요하다. 순수하게 몰입하고 삶의 에너지를 출렁이게 하는 그 무언가가 필요하다. 그런 꿈이 있을 때 인간은 생동감 넘치는 존재가 된다. 삶에 쫓기다 보면 꿈은 사치고, 떼어내야 하는 액세서리 같이 여겨질 때가 있다. 열심히 살수록 꿈은 나에게서는 멀어지고 남에게는 가까워 보이는 희망 고문이 된다. 가정과 사회에서 요구하는 역할에 충실했을 뿐인데, 우리는 어쩌다가 이렇게 되어 버렸을까.

50세가 되고 보니, 이제야 왜 사는지를 묻게 된다. 너무 늦은 질문일까 봐 두렵기도 하지만, 81세의 라이더들을 보며 정신이 번쩍 들었다. 지금 고민하지 않으면, 미래의 어느 날에 과거의 꿈만 좇는 껍데기가 되어 버릴 수도 있겠다 싶었다. 하루를 살아도 껍데기가 아닌 온전한 나로 살아가자. 죽더라도 껍데기를 벗고 한 번이라도 힘찬 날갯짓을 해 봐야 하지 않은가.

아이들이 출가하며 갑자기 집안일 거리가 줄고, 혼자 밥을 먹고, 무료한 오후를 보내며 널브러져 있을 때 즈음 나는 누구이며 앞으로 어떻게 살아야 하는지를 묻는 불편한 질문이 날아들 것이다. 그럴 때는 당황하지 말자. 질문에는 때가 있고, 당신은 그 답을 고민해야 할 시기가 된 것뿐이니까.

답을 회피하며 사는 사람이 있는가 하며, 불편한 질문일수록 더 마주하는 사람도 있다. 나는 이 질문을 마주한 당신이 이 글을 통해 답을 찾길 바란다. 현재가 만족스럽다면 그걸로 되었다. 그러나 행복하다 믿고 싶은 생각이 든다면 자신에게 물어보자. 행복의 반대말은 불행이 아니라 익숙해진 무료함이니까. 나는 이 무료함에 감사했고, 별걱정 없이 하루하루 먹고사는 게 잘 사는 거라 생각했다. 불행하지는 않았다. 그런데 행복했던 것도 아닌 것 같다. 50세가 된 어느 날, 빈집에서 혼자 보내는 시간이 길어지면서, 나에게도 세상이 텅 빈 것 같은 공허함이 찾아왔다. 그래서 나는 그간 외면해 온 삶의 질문을 꺼내 보았다.

그래, 반백에 무슨 눈치를 보고 살려고. 아들과 남편을 챙기느라 처박아 둔 내 꿈을 이제라도 꺼내야겠다는 생각이 들었다. 50년을 헌신했으면, 이제는 내가 하고 싶은 일 하나 정도는 하고 살아도 된다. 꿈꾸는 자에게 나이는 없다.

03

어느 날,
눈물 한 방울이 툭 떨어졌다

"운동하고 열심히 일하고 주말에는 영화도 챙겨 보곤 해. 서점에서 우연히 집어든 책에 가슴 설레기도 하지. 이런 인생 정말 괜찮아 보여. 난 너무 잘살고 있어." 그러나 사실 "잘살고 있어."라는 독백은 정말로 잘살 때 나오는 게 아니라는 걸 50년을 살아 보니 알겠다. 크게 아픈 곳도 없고, 집안에 큰일도 없으며, 매일 제시간에 일어나서 잠자리에 드는 삶이었다. 그런데 문제가 없다고 생각하며 살던 일상에 별안간 무언가가 툭 떨어졌다. 가슴이 아릿해지며 눈 주위가 촉촉해질 틈도 없이 눈물이 뺨을 타고 흘러내렸다. '아, 왜?' 이유 모를 눈물은 사람을 당황스럽게 한다. 이런 게 갱년기인가 싶기도 하고. 도대체 왜?

남편을 출근시키고 아이를 학교에 보낸 뒤 살림하는 평범한 동네 아줌마로 살던 시절이 있다. 지금은 늦은 것도 아니지만 당시에는 조금 늦은 나이에 결혼하고 아이를 낳았다. 그리고 출산 후에는 아이 키우는 일에 전념했다. 늦은 나이에 귀하게 얻은 아이인 만큼 엄마로서 할 수 있는 모든 정성을 쏟아부었다. 온전히 내 손과 품을 필요로 하는 존재가 있다는 것만으로도 큰 행복이었다. 열 번 스무 번 힘들다가도 세상 편하게 잠든 아이의 얼굴을 내려다보면 한여름 아이스크림이 녹듯 피곤과 아픔이 싹 사라졌다. 그렇게 평화로운 일상이 반복되었고, 아이가 자라면서 행복함은 불쑥불쑥 더 솟구쳤다. 그런데 아장아장 걷던 아이가 어린이집에 다니게 되자, 나에게 시간과의 간극이 생기기 시작했다. 아이에게 쏟아지던 화살 같은 내 시선이 하나둘 세상 밖을 향해 날아가고, 담장 밖에서 또 다른 일상의 소리가 들려왔다. 누군가와 일상을 나누며 이야기하고 싶어졌다. 자라는 아이에게 친구가 필요하듯, 나 역시 남편이 아닌 친구가 필요해졌다.

아이를 어린이집에 보내 두고 한동안은 그간 만나지 못했던 사람들을 만나거나, 동네 엄마들과 들뜬 시간을 보냈다. 그런데 점점 먹고 마시고 수다 떠는 만남에 대한 회의감이 밀려왔다. 지금 더없이 평화로운데, 딱히 문제도 없는데. 엄마들 틈에서 문득 문득 생각에 잠기는 날이 많아졌다. '저마다의 꿈과 미래가 있을 텐데, 나에게도 그런 게 있을까?'라는 고민이 쌓일 때마다 나는 동네 엄마들과 점점 멀어져 버렸다.

그러던 어느 날, 후배가 말했다. "언니, 사람들이 왜 행복하지 않은 줄 알아? 그건 꿈이 없어서래. 그런데 왜 꿈이 없는지 알아? 자기가 뭘 좋아하는지 몰라서래. 꿈은 이루라고 있는 게 아니라 꿈꾸는 동안 행복하기 위해 있는 거지. 언니는 꿈을 꿀 줄 아는 사람이었잖아. 지금이라도 다시 시작해 봐." 나는 그녀가 나에게 왜 이런 조언을 하는지 궁금했다. 그녀의 기억 속에 나는 펄떡거리는 날생선 같이 생기 넘치는 사람이었던 걸까? '가만. 생각해 보니 정말로 나에게는 꿈이 있었지. 그게 언제쯤이었지?'

시간을 거슬러 기억을 되짚어 보았다. 잊고 있던 기억을 마주할 때마다 가슴이 뛰기 시작했다. 잊고 지낸 꿈이었지만, 당장이라도 계획하면 떠날 수 있는 여행처럼, 다시 시작할 수 있지 않을까 싶은 막연한 기대감이 가슴 깊숙한 곳에서 꿈틀대는 게 느껴졌다. 그러고 보면 꿈꾸는 것과 여행을 계획하는 것은 그리 다르지 않은 것 같다. 시작하면 바로 행복해지니까. 호텔과 비행기를 예약하고, 지도를 보며 둘러볼 곳을 계획하는 것만으로도 행복하지 않은가. 목적지가 있다는 건 인간을 살고 싶게 만든다. 꿈과 여행의 공통점이다. 흔치 않은 여군의 길을 걷고, 연단에서 청중을 만나며 온전히 행복했다. 그리고 아이를 낳고 육아에 전념한 걸 후회하지는 않지만, 후배의 말을 듣고 나니, 행복한 것과 행복하다 믿는 데에는 차이가 있다는 걸 깨달았다. 그제야 얼마 전 툭 하고 떨어진 이유 모를 눈물의 의미를 깨달았다. 내가 나로 살지 못한 그간의 슬픔이었다. 내 삶은 행복한 게 아니었다.

삶의 의미를 찾으며 퍼뜩 떠오른 단어는 '죽음'이었다. 막막한 단어였다. 내 나이는 삶보다 죽음에 가까워지기 시작한 최초의 시기일 뿐이니까. 죽고 나면 영영 사라질 삶을, 한번뿐인 이 삶을 나는 어떻게 살아야 할까. 50세가 넘으니 흐르는 시간이 눈에 보이는 것 같고, 그간 방치해 둔 내가 아까웠다. 이런 나를 위해 무엇을 할 수 있을까 생각하니 초조해졌다. 그래서 나는 가족을 위한 시선을 조금 거두어 나를 돌보기로 했다.

내가 나로 사는 것.
그것을 시작해 보기로 했다.

04

세상은 잘만 돌아가는데, 왜 나는

SNS 속 사람들을 보면 즐겁게 행복해 보인다. 나라가 어렵다는 뉴스와는 달리 모두 풍족하고 여유 있는 모습이다. 그리고 어떤 이는 이런 SNS 속 타인의 행복을 보며 상대적 박탈감을 느낀다.

사실 인터넷에 불행을 기록하는 사람은 드물다. 가식일지라도 행복한 일상을 보란 듯이 내보이고 그에 대한 공감에 목마른 사람이 적지 않다. 우울하고 외롭다고 해서 손 내밀어 주는 사람이 없는 각박한 세상이어서일까. 남의 일에는 관심 없고, 나는 돋보이고 싶은 이중 잣대가 드리워진 세계에서 인간이 외롭고 쓸쓸해지는 것은 당연한 일일지 모른다.

외로운 만큼, 그늘을 가리기 위한 치장도 진해지는 것 같다. SNS에는 행복한 척 웃고 있는 사람이 많은데, 막상 그들이 행복해 보이지 않는 건 기분 탓만은 아닐 것이다.

석사를 시작한 나이가 38세이다. 결혼 생활과 육아가 어느 정도 손에 익고 자리 잡아 갈 무렵이었다. 어느 날 남편이 친구와 영화라도 보고 오라고 해서 잠시 외출한 적이 있다. 영화관은 5년만이었다. 세월이 어떻게 가는지도 몰랐다. 그때 본 영화가 〈말아톤〉이었는데, 영화가 끝난 후 친구가 물었다.

"너는 하고 싶은 게 뭐야?"

"…공부."

"그럼 해 봐."

"자신 없어."

"뭐야. 쟤도 하는데."

공부가 하고 싶었다. 그러나 아이를 봐 줄 사람도 없고 대학원을 다닐 경제적 여유도 없었다. 무엇보다 이런 어려움을 이겨 내고 공부를 지속할 자신이 없었다. 그랬던 내가 친구의 한마디에 정신이 들었다. "쟤도 하는데."

그날 밤 나는 남편에게 공부를 더 해 보고 싶다는 속마음을 털어놓으며, 한 학기 학비만 지원해 달라고 했고, 내 이야기를 묵묵히 듣던 남편은 내 꿈을 지지해 주었다. 나는 두 번의 고배를 마시고 나서야 원하는 학교에서 석사 공부를 시작할 수 있었다. 살림과 육아, 공부에 학비까지 벌어야 했지만 원하는 것을 이루어 간다는 희망 앞에서 어떤 고비도 달게 받아들였다.

석사를 힘들게 마치고 다시 청중 앞에 섰다. 마이크를 잡고 연단에 오를 때의 벅참은 그 무엇과도 바꿀 수 없는 희열이었다. 누군가 내 이름을 불러 줄 때 나는 온전한 내가 되었고, 사람들의 호응과 강연 요청은 줄을 이었다. 그러던 중 동기와 후배도 하나둘 박사 과정을 시작했다. 박사까지는 꿈꿔 보지 않은 나였다. 석사까지 온 것만으로도 감사했는데, 박사 과정을 밟는 동기를 보니 묘한 기분이 들었다. 남들이 하니 나도 해 볼까 싶은 마음이 생긴 것이다. 마음이 생기니 길이 보였다. 이왕 박사를 시작할 거라면 K 대에서 하고 싶었다. 그렇게 석사를 마치고 2년 후 K 대에서 박사 과정을 밟기 시작했다. 또다시 공부가 시작되었다.

박사 과정은 석사 과정과는 공부의 질과 양의 차원이 달랐다. 모든 면에서 부족한 나를 만났다. 차고 넘치는 건 나이밖에 없어 보였다. 특히 영어 실력이 너무 부족했다. 영어로 진행되는 수업에서는 급한 대로 소리나는 대로 받아 적고 집에 와서 일일이 스펠링을 찾아 외우다시피 공부했다. 게다가 학비도 내야 하니 소홀할 수 있는 시간이 없었고, 시간이 부족하니 잠을 줄였다. 지금 생각하면 어떻게 했을까 싶을 정도로 나를 쥐어짜며 살았다.

분명 나에게도 그런 시간이 있었는데, 50세가 된 지금, 그 열정은 다 어디로 갔을까? 어느 순간 살이 쪘다. 자꾸 무언가를 먹게 되고, 체중은 날로 늘었다. 몸이 무거워지니 잠이 늘고, 만사가 귀찮고, 삶에 대한 열정은 딴 나라 이야기가 되어 버렸다. 눈을 뜨면 해가 중천이고 겨우 몸을 질질 끌다시피 일어나면 잔뜩 부풀어 버린 얼굴이 세면대 거울을 꽉 채우고 있었다. 펑퍼짐한 50대 아줌마가 된 모습이 낯설었다. 이 사람이 나라니.

05

딴 나라 이야기가 내 이야기가 된 날

“엄마는 뒷자리에 앉아.” 운전 면허증을 따고 운전에 재미를 붙인 아들은 어디를 가도 자기가 운전하겠다고 나섰다. 운전에 이골이 난 우리 부부는 옳다구나 신이 나 조수석과 뒷좌석을 차지하고 앉았다. 그런데 한참을 가다가 느닷없이 아들과 조수석에 앉아 있는 남편에게 짜증이 났다. 내 말투가 딱딱해지자 차 안에는 금세 냉기가 감돌고, 엔진 소리만 가득했다. 내가 왜 이럴까. 이유도 없이 이런 감정에 휩싸인 게 처음이라 당황스러웠다. 방지 턱 한두 개를 서툴게 넘는 것만 빼면 아들은 운전을 잘하고 있고, 옆에서 코치해 주는 남편도 그만하면 상냥한데 왜 화를 낸 걸까? 아무리 생각해도 원인이 없었다. 그러다 순간, 이게 말로만 듣던 갱년기인가 싶었다. 이유 없이 화가 치밀어 오른다는… 섬뜩했다.

예전부터 나이의 굴레에 갇히지 말자고 다짐했었다. 아홉수라 힘들다는 말, 나이 한 살 더 먹으니 몸이 예전 같지 않다는 말의 덫에 걸리지 말자 생각했다. 그리고 실제로 40대의 나는 여전히 밝고 쾌활하며 젊었다. 50대도 그러할 줄 알았다. 갱년기, 화병, 우울증, 수면 장애는 50대라면 으레 겪는 걸로 순종하는 사람이나 걸리는 건 줄 알았다. 그런데 어느새, 나도 모르게 남들과 다를 바 없는 노화의 수순을 밟고 있었다.

동네에 나보다 세 살 많은 언니가 있었다. 언니는 늘 누가 보면 세상 근심을 혼자 짊어진 사람처럼 굴었다. 아홉수를 맞았을 때는 온몸이 아프다며 "내 나이 돼 봐."라는 말을 달고 살았고, 마흔에는 아예 드러눕는 게 일상이었다. 서른아홉이 되고, 마흔이 되면 나도 저럴까 싶어 은근히 걱정되었다. 그러나 나는 오히려 마흔이 되자, 주위의 눈치를 덜 보고, 근력과 에너지가 넘쳤다.

그런데 지천명의 나이는 달랐다. 나도 모르게 숫자에 갇혔다. 마음보다 몸이 먼저 노화를 인식하기 시작했기 때문이다. 갱년기가 그렇다. 나도 모르게 모난 감정들이 나를 휘둘렀다.

06

내가 갱년기라고?

할 일이 있는데도 손가락 하나 까딱하기 싫은 날의 연속이었다. 집에 돌아오면 그대로 소파에 파묻혀 버렸다. 바닥에 머리카락과 먼지가 덩어리째 나뒹굴어 다니면 그제야 겨우 청소기를 돌리고, 가족들 삼시 세끼는 빠르고 편리한 즉석식품으로 대체했다. 이상하게 의욕은 떨어졌는데 식욕은 왕성했다. 우울하면 밥맛이 없다는데 나는 밥 먹고 돌아서서 후식을 먹고, 중간중간 간식도 챙겨 먹었다. 체중계의 숫자가 하루가 다르게 늘어나는 걸 보면서도 입에 음식을 넣는 행위를 제어할 수 없었고 급기야 갱년기는 증상이 아니라 병이 아닌가 싶어졌다.

결국 병원을 찾았다. 갱년기라 그렇다는 진단이라도 받으면 쉴

새 없이 먹어 버린 것에 대한 면죄부를 받을 수 있지 않을까 했다. 그러면 마음이라도 편할 텐데.

“이상 없습니다. 많이 먹고 안 움직여서 그런 겁니다.”

다행이었지만 갱년기에게 내 죄를 덮어씌우려던 계획은 수포로 돌아갔다. 갱년기는 한 가지 증상의 유무만으로 쉽게 진단할 수 없다. 갱년기 증상은 보통 안면홍조, 손발 저림, 관절통, 불면증 등의 신체적인 변화와 짜증, 우울, 불안, 미래에 대한 막연한 걱정 같은 정서적 변화 그리고 은퇴와 같은 사회적 역할의 변화, 자녀의 출가로 생긴 가족 구성원의 변화 등이 뒤섞여 복합적으로 나타나기 때문이다. 대부분의 여성이 중년에 접어들어 겪는 갖가지 변화를 ‘갱년기라서 그래.’라고 치부해 버리는 경향이 있다. 50세쯤 갱년기가 찾아온다는 말을 듣기 때문이다. 그러나 진짜 갱년기는 이런 인식이 습관화되었을 때 비로소 찾아온다. 그 사람의 생각이 곧 그 사람의 삶이 되기 때문이다. 50세가 되었다고 해서 앞뒤 생각하지 않고 모든 증상을 갱년기라 그렇다고 치부하는 건 위험하다. 사실 50세는 갱년기의 나이가 아니라, 여성으로서의 성숙한 완숙미를 가질 수 있는 나이다. 그렇게 생각하면 그렇게 되고야 만다.

07

냄비에 삶기지 말자

석사 동문 중에 나보다 나이가 많은 간호사가 한 분 있다. 미혼으로 일과 공부에만 열정을 쏟던 분인데, 졸업하고 몇 년은 간간이 소식만 전해 듣고 살다가 우연히 사회단체에서 운영하는 공부 모임에서 그녀를 다시 만났다. 나이는 들었지만 자신만의 독특한 성격을 고스란히 간직한 그녀는 매사 앞장서서 솔선수범이었고, 그때 그녀는 막 쉰을 넘기고 있던, 우리가 알고 있던 갱년기의 삶을 살 즈음이었다. "선생님. 갱년기가 힘들다던데 어떻게 지내셨어요?" 내가 묻자, 그녀는 "선우 씨. 힘든 건 더 큰 힘듦으로 몰아내면 돼. 난 그게 운동이었어. 운동을 힘들게 하니까 갱년기가 내 인생에 들어올 틈이 없던데? 건강한 갱년기를 보낸 비결은 운동이야."라고 말했다.

그때는 운동이라는 말을 듣고 흘려보냈다. 당시 나는 40대여서 50세의 나이가 멀게만 느껴졌기 때문이다. 그러다가 갱년기라는 피해 갈 수 없는 통과의례를 치르고 있을 때, 다시 생각이 났다. 그러나 운동은 쉽지 않았다. 늘 바쁘고 피로에 찌들어 있었기에, 운동은 늘 후순위로 밀려 났다가 조용히 폐기되고는 했다.

'삶은 개구리 증후군'이라는 말이 있다. 끓는 물에 개구리를 집어넣으면 바로 뛰쳐나와 살지만, 미지근한 물에 개구리를 넣고 서서히 온도를 높이면 그 온도에 적응하다가 삶겨 죽는다는 독일의 생리학자 프리드리히 골츠의 실험에서 착안한 말로, 서서히 변화하는 환경을 인지하지 못하거나 그에 대한 적절한 조기 대응을 못 하면 결국 화를 당하게 되는 것을 뜻한다.

생각지도 못한 코로나19라는 바이러스가 세상을 정지시켜 버렸다. 아무것도 할 수 없고 아무것도 해서는 안 되는 시간을 보내며 그제야 내가 끓고 있는 냄비 속 개구리와 다르지 않다는 걸 깨달았다.

몸이 예전 같지 않음을 느끼면서도 나를 돌보지 않고 서서히 잠식되어가는 내가, 50세라는 나이의 통속적 관념에 속아 넘어가는 내가 보였다. '나이를 먹었으니 살도 좀 찌고, 게을러지는 게 뭔 대수래.'라는 생각이 나를 지배하고 있었다. 나이에 기대 스스로 그럴듯한 변명을 늘어놓으며 삶을 낭비하고 있었다. 무료할 만큼 허용된 여유 안에서 나는 나를 돌아보게 되었다. 바이러스가 우리 삶에 꼭 나쁜 것만 준 것 같지는 않다. 그리고 나는 이 시간을 내 삶을 변화시키는 데에 드리워 보기로 했다.

오랜만에 맑은 하늘을 본다. 대기가 이렇게 깨끗해진 게 얼마만인가. 처음으로 길게 주어진 시간 속에서 본 적 없는 나를 만난다.

08

할 수 있는 것부터 시작하기

사는 게 바빴다. 바쁘다는 것은 책임을 다하지 못했을 때 유용한 변명거리가 되어 준다. 가족 행사에 참여하지 못할 때, 모임에 빠질 때 등, 인간관계의 대소사를 챙기지 못할 경우 바쁘면 일단 용서가 된다. 심지어 내 몸이 상하는지도 모를 정도로 병들고 아픈 데에도 말이다. 아무튼 우리나라에서는 바쁘면 많은 것이 용서된다. "쟤는 바빠서 그래." 이 말 한마디면 면죄부를 받는다. 무언가 개운치는 않지만, 더 이상의 터치는 없다.

하루아침에 세상이 멈추고 제법 오랜 시간이 지나면서 요즘 나는 무엇이 그리 바빴는지를 생각해 본다. 멈추고 나면 비로소 보이는 것이 있다더니, 나에게 보이는 건 그리 바쁘지 않으면서 바쁜 척, 여유 있게 해도 될 일을 바쁘게 해내려 자신을 채근하던 모습이 보였다. 뜻하지 않게 강제된 여유가 처음에는 낯설고, 이래도 되나 싶을 정도로 두려웠지만, 적응하고 나니 왜 그토록 바쁘게 살았을까 의문이 든다. 강제적인 멈춤일지언정, 이런 시간을 통해 인간답게 살 수 있는 기회를 얻고, 나를 성찰해 볼 시간을 선물 받은 것 같다. 한파에 얼어붙은 강바닥처럼 미동도 없는 시간은 그간 바쁘다는 핑계로 외면하고 있던 가족과 인간관계 그리고 그저 그런 일상의 사소한 부분들까지 선명하게 보여 주었다. 핑계로 메꾸며 살았던 삶의 미세한 균열이 보이고, 썩 괜찮아 보였던 삶을 다시 생각하게 되었다. 박사 과정을 밟게 된 계기 중 하나는 여성으로서는 세계 최초로 히말라야 14좌를 완등한 오은선 대장에 대한 기사를 본 것이다. 2010년 당시 중앙일보의 기사다.

「오은선(44) 씨가 세계 여성 최초로 히말라야 14좌를 완등했다. 오은선 씨는 4월 27일 오후 3시(한국 시각으로 오후 6시 15분) 정각에 안나푸르나(8,091m) 정상에 올랐다.」

많은 매체에서 그녀의 소식을 다뤘다. 그리고 나는 동시대를 살아가는 여성이라는 것과 도전하는 삶을 산다는 점에서 묘한 연대감을 느꼈다. 그 작은 체구로 남자들도 오르기 힘들다는 히말라야 14좌를 완등하다니, 기사를 보고 한눈에 반한 나는 떨리는 가슴을 진정시킬 수가 없었다. 당장이라도 문을 박차고 나가 히말라야로 달려가고 싶었다.

그러나 당시 나는 운동과는 거리가 먼 40대이자, 아이를 키워야 하고, 나름대로 맡은 일들이 줄줄이 손을 흔들어 대고 있는 워킹맘이었다. 현실을 직시하고 살아야 하는 것은 맞지만, 직시한 현실대로 살아야 하는 것은 아니다. 당장 내가 히말라야에 오를 수는 없다. 8,000m급은 더더욱. 마주한 현실의 테두리 안에서 과연 내가 당장 할 수 있는 일은 무엇일까? 어렵더라도 한 번쯤은 꼭 도전해 보고 싶은 일, 히말라야 등반까지는 아니지만 그만큼의 피땀과 눈물을 쏟아야만 하는 일. 그것이 나에게는 박사 과정으로의 도전이었다. 박사 학위를 받는 게 아무리 어려워도 히말라야 14좌를 오르는 것만 할까 싶었다. 글을 쓰며 생각해 보니 바쁘다는 말을 달고 산 게 그때부터였다.

그렇게 살았다. 바빠야 좋고, 바빠야 성실한 것이고, 바빠야 제대로 사는 것 같았다. 그런데 이렇게 바쁘게 돌아가던 세상의 톱니바퀴가 서서히 속도를 늦추더니 급기야 멈춰 버렸다. 정신없이 보내던 내 삶도 느려지더니 멈추었다. 짧지도 않고 길지도 않은 침묵의 시간이 흘렀다. 쉬는 것도 이틀이면 무료해진다. 무엇을 해 볼까? 무슨 일이라도 찾아 몸을 움직이고 싶었다. 무턱대고 바쁜 척이 아니라, 열정을 쏟을 만한 일에 제대로 된 에너지를 써 보고 싶었다. 바쁠 때 바쁘고 쉴 때 확실히 쉬는 삶. 24시간을 긴장하고 살아온 지난 시간을 반성한 나름의 성찰이었다.

바쁘되 서두르지 않고,
서두르지 않기에 정리된 마음으로,
차곡차곡 삶이라는 시간을 쌓아가 보기로 했다.

09

아는 걸 실천하기까지

'긍정'이라고 하면 어떤 모습이 떠오르는가. 활짝 핀 미소, 두 주먹을 불끈 쥐고 'Yes'를 외치는 모습, 결승점을 향해 달려가는 스프린터의 굵은 근육과 투지, 열정적인 선동가?

나에게 긍정의 이미지를 묻는다면 물이 반쯤 남은 컵을 이야기할 것이다. 물이 반이나 남았다고 생각하는 이와 반밖에 안 남았다고 생각하는 이처럼, 긍정은 관점의 차이에서 발생하는 현상이다. 안 되면 되게 하라는 말이 있다. 우리나라는 인구 절반이 군인이다 보니, 군대 문화가 일상 깊숙한 곳까지 파고든 것 같다. 그런데 살아 보면 '안 되면 안 되는' 경우가 정말 많다. 삶의 고비를 싸우고 부숴서 넘어설 수만은 없으며, 안 되는 것을 어떻게든 되게 하려다 상처받고 좌절하는 사람이 부지기수다. 사실 긍정은 무조건적인 인정이 아니라, 되는 것은 되는 것으로, 정녕 안 되는 것은 안 되는 것으로 인정하고 그에 맞게 자기 삶을 다시 디자인해 보려는 태도를 말한다. 이러한 태도와 노력을 우리는 흔히 '창의'라고 부른다. 물길이 막히면 물은 샛길을 내서 흐르기도 한다. 그러므로 긍정하는 태도로 현실을 인정하고 그에 맞춰 자유자재로 자기 삶을 돌아보고 리셋할 수 있어야 한다.

긍정 심리학자 소냐 류보머스키의 《행복도 연습이 필요하다》에는 행복의 파이를 50%는 유전, 10%는 환경, 40%는 의도적인 활동에서 비롯하는 것으로 보았다. 즉, 즐겁게 살기 위해서는 삶에 대한 긍정적인 자세가 필요하며, 의지만 있다면 누구나 행복해질 수 있다는 말이다. 부정적인 사고방식에 남다른 고정관념까지 갖고 있던 나에게는 희소식이었다. 삶을 인정하고 받아들임으로써 삶을 다시 디자인해 보려는 유연한 태도를 갖춘다면 쾌활함을 유지하는 재능을 타고나지 않아도 행복해질 수 있다니. 시도해 볼 만하다.

그리고 삶을 긍정적으로 해석하고, 유연하게 대처하기 위해 필요한 것이 무엇일까를 고민하다가 도달한 결론은 '웃음'이었다. 웃음을 연구하면서 나는 전보다 더 잘 웃게 되었고, 어려운 상황에서도 유연해질 수 있었다. 우선 삶의 고비를 만날 때마다 이에 대응해 보려 했다. 그리고 이런 시도에 긍정적인 변화가 생겼다. 구체적으로는 '그럴 수도 있지.' 하며 일단 문제에 대해 한 발 물러서서 생각하는 태도를 취했더니 부정적인 감정에 빠져 상황을 직시하지 못하는 실수가 줄었다. 그러고는 '지금 어떻게 하는 게 최선의 선택일까?'를 고민하니 실수했다는 현실과 그로 인한 감정 등에 취하기보다 본질을 생각하고 대처하려는 자세를 갖추게 되었다. 문제에만 빠져 있을 때 겪을 수 있는 인간관계의 갈등을 피해가면서, 오히려 상대에게 여유 있는 모습을 보일 수 있게 된 것이다.

사람은 여유가 생기면 웃을 수 있다. 그리고 도저히 웃을 수 없는 순간에 진솔한 웃음을 짓게 되면, 상대는 안도하고 감동하며 빠르게 평정심을 되찾아 간다. 상대와 내가 마음의 여유를 갖고 문제를 들여다보면, 풀리지 않을 것 같은 문제도 의외로 쉽게 풀리고 관계가 좋아진다. 웃음은 가식이 아니다. 웃으면 상황을 객관적으로 바라볼 수 있게 되고, 문제 해결을 위한 실마리를 얻을 수 있다.

10

좋은 습관 만들기 프로젝트

운동을 좋아했다. 타고난 재능은 없어도 사람들과 어울릴 수 있는 정도는 되었다. 등산, 수영, 자전거, 골프까지. 아마 지인들은 나를 떠올릴 때 '아웃도어 스포츠 우먼'으로 기억하지 않을까 싶다. 그럼에도 불구하고 꾸준하지는 못했다. 혼자 하기 싫어서, 남들의 시선이 부담스러워서, 비가 와서, 미세먼지가 많아서, 함께할 사람이 없어서… 갖가지 이유를 댔다. 그러다가 50세가 되었다. 더는 이런 핑계가 통하지 않는 나이가 된 것이다.

죽기 전에 해 보고 싶은 버킷 리스트 중 하나가 춘천 마라톤 출전이었다. 영화 〈말아톤〉의 배경이 되었던 곳이자 가을의 전설이라 불리는 춘천의 호반을 달려 보고 싶었다. 51세의 끝자락에서 드디어 용기를 냈다. 그러나 마라톤은 생각보다 쉽지 않은 운동이었다. 사람들이 한마디씩했다. "관절 조심해. 내가 아는 사람 마라톤 하다가 지금은 걷지도 못해.", "나이 들면 가벼운 운동이나 하지 뭐하러 마라톤을 해. 위험하게." 누구 하나 응원해 주는 사람이 없었다. 주변에 걱정만 하는 사람이 많을 때는 나를 응원해 줄 사람이 있는 곳으로 가면 된다. 나는 곧장 동네 마라톤 클럽에 가입했다. 그곳에는 정말 마라톤에 열광하는 사람만 모여 있었다. 그들은 비가 오나, 눈이 오나 달리기로 약속한 날에는 영락없이 나타나 달렸다. 중독도 그렇게 지독한 중독은 없을 것 같았다.

나는 초등학교 5학년 때 핸드볼 선수였다. 2년간 열심히 했는데, 어느 날 왼쪽 무릎에서 딱 소리가 나더니 아프기 시작했다. 병원에서는 관절염이라고 했고 그날 이후, 나는 왼쪽 무릎 통증을 안고 살게 되었다. 날씨가 궂으면 무릎이 쑤셨고, 산을 다녀오면 이틀은 꼬박 통증에 시달렸다. 게다가 왼쪽 무릎이 아프니 자연스럽게 오른쪽으로 힘을 싣게 되어 다리 근육이 비대칭적으로 발달해 버렸다. 마라톤 하기에 좋은 신체 조건은 아니다. 그것도 50을 넘긴 나이에.

처음 시작한 운동은 사실 달리기가 아니라 피트니스였다. 박사 학위를 딴 축하 선물로 시어머님께서 용돈을 주셨는데 그걸로 무얼 할까 하다가 처음으로 온전히 나에게 투자하자 싶어 PT를 등록한 것이다. 상담 때 무릎과 어깨의 관절이 아프다고 했더니, 병원에 가서 엑스레이를 찍어 오라고 했다. 검사 결과 무릎과 뼈에 특별한 이상이 없다는 걸 확인한 강사가 근력 강화 운동을 시켜주었다. 처음에는 무릎이 너무 아팠다. 이걸 계속해도 되나 싶을 정도로 통증이 심했다. 그런데 3개월이 지나자 어깨와 무릎 통증이 사라지고, 그해 가을에 동네에서 열린 마라톤 대회에도 출전할 수 있게 되었다. 연습도 안 하고 10km를 제한 시간 내에 완주했다. 생각보다 몸이 가벼워지고, 무언가 할 수 있겠다는 자신감이 생겼다. 같이 달린 친구는 이참에 동호회에 들어서 마라톤을 제대로 해 보라고 부추겼다. 그렇게 나는 그해 12월 31일에 마라톤 클럽에 가입했고, 이후 몇 번의 마라톤 대회에 출전하면서 달리기 인생을 시작했다. 그토록 원하던 춘천 마라톤에 출전해 제한 시간 내에 완주하는 쾌거도 이루었다.

그런데 마라톤에 한창 재미를 붙일 즈음, 코로나19가 터졌다. 사회적 거리 두기로 마라톤 클럽도 중단되고, 조금씩 돌던 생기도 사그라들었다. 달리지 못하니 삶의 동력이 떨어지는 소리가 들렸다. 그러던 어느 날 마라톤 클럽 선배에게 "나는 새벽형 인간이라 예전에는 아침에 벌떡벌떡 잘도 일어났는데 더는 그렇게 살 수 없을 것 같아요."라고 했더니, "그럼 이참에 새벽에 일어나 달리기 한번 해 봅시다. 매일 새벽에 만나 10km를 달려 보는 거 어때요?" 하며 제안해 오는 게 아닌가.

사람은 습관을 만들고 습관은 사람을 만든다고 했다. 나는 주저 없이 콜을 외쳤다! 예정에 없는 일이었지만 분명히 새로움을 만드는 계기가 될 것 같았다. 바이러스가 세상을 점령하다시피 한 뒤, 사람을 만나는 일도, 집단으로 함께 운동하는 일도, 강의도 멈춰 버린 이때. 어쩌면 혼자 달릴 수 있는 마라톤이야말로 내가 선택할 수 있는 최선의 선택이었을지 모른다. '그래 한번 달려보자. 매일 달리다 보면 무언가 좋아지는 게 있겠지.' 무엇을 할 것인가 고민하기보다, 할 수 있는 것부터 시작하는 것도 좋을 듯싶었다.

CHAPTER

2

그래, 한번 해 보는 거야

이왕 시작한 거

딱, 100일만

달려 볼게요

01

농담처럼 던진 말을 덥석 잡았다

"그럼 한번 해 봅시다."

"콜!"

할 수 있을지 없을지를 고민할 때는 일단 발부터 들여놔야 한다. 새벽 달리기를 하자는 말에 일단 좋다고 했지만, 슬슬 걱정되기 시작했다. 입춘은 지났어도 2월의 공기는 너무 차가워 파카와 방한용 모자, 장갑은 필수였다. 게다가 새벽은 칠흑같이 깜깜했다. 달리기에 호락호락한 환경은 아니었다. 어린이 대공원에서 만나기로 했는데, 만나기로 한 5시 반을 지키려면 5시에는 일어나 채비해야 할 터였다. 그러나 어쩌랴. 이미 하겠다고 했으니 바로 내일부터 달리러 나가야 한다.

심리학자 윌리엄 제임스는 "생각이 바뀌면 행동이 바뀌고, 행동이 바뀌면 습관이 바뀌고, 습관이 바뀌면 인격이 바뀌고 인격이 바뀌면 운명도 바뀐다."라고 했다. 그런데 말이다. 살면서 생각을 바꿔 운명이 바뀐 사람을 몇 명이나 보았나. 심리학자의 말을 신뢰할 수 있으려면 그런 사람이 친구 중에도 있고, 이웃집에도 있어야 하지 않을까. 내가 보았을 때 운명이 바뀐 사람들은 책 속의 인물이거나 동기 부여를 해 주는 강사들뿐이다. 나도 매번 마음은 먹지만 지속적인 행동으로 이어지지는 않았다. 인생에서 가장 긴 여행이 머리에서 손발로 이어지는 여행이라고 하더니, 생각을 행동으로 옮기는 건 그만큼 어려웠다.

예전에 웃음 치료가 들불처럼 번졌던 시기가 있다. 열심히 살면 나아질 줄 알았던 삶이 기대에 부응하지 못하고, 경제가 위태로울 때였다. 서민의 희망이 땅바닥으로 곤두박질치던 시기, 미래를 위한 맹목적인 노력과 희생만이 행복을 위한 길이 아님을 알았던 시기였다.

경험을 통해 이러한 사실을 깨달은 사람들은 큰 행복을 미래의 어느 시점에 얻기보다 작은 행복이라도 지금 당장 느끼길 바랐다. 웃음이라는 작은 것에도 의미를 두는 자세, 그것에 만족하고 기뻐하며 감사함으로써 현재의 자리에서도 행복을 느끼는 것이다. 누구나 내면에 존재하는 어린아이를 꺼내어 한바탕 웃으면 행복하게 된다니 이처럼 짜릿한 유혹이 어디 있을까. 나도 그 불에 덩실덩실 춤추고, 강의하며 크게 웃었다. 행복한 사람처럼, 정말로 신나고 즐거운 사람처럼 말이다.

신기했다. 신나고 즐겁지 않았는데, 웃다 보니 행복이 온몸을 가득 메우는 느낌이 들었다. 행복한 척으로 시작했다가 정말 행복한 사람이 되어 버렸다. 생각보다 행동이 먼저인 기법, 행동하는 긍정이 얼마나 중요한 것인지 깨닫게 된 경험이었다. 웃음 치료 덕분에 나는 행동을 바꾸면 생각이 바뀐다는 이론을 산 경험을 통해 완전히 이해하게 되었다.

새벽 달리기도 마찬가지이다. 단지 아침 일찍 일어나는 좋은 습관을 하나 만들어 보자는 생각뿐이었는데 그것이 꾸준한 운동으로 이어질 줄은 꿈에도 몰랐다. "그럼 한번 해 봅시다."라는 말에 1초의 망설임도 없이 콜을 외친 덕분에 나는 행동이 먼저인 사람이 되었다.

02

10일만 달려 봅시다

아침을 기적으로 만드는 일에 대한 책인 《미라클모닝》의 작가 할 엘로드는 "지금 당신이 어디에 와 있든지, 우리에게는 하나의 공통점이 존재한다. 바로 우리는 바뀌기 위해 노력하고 있다는 것이다. 우리의 삶이 뭔가 잘못되었다는 말이 아니다. 인간은 본능적으로 성장과 발전을 끊임없이 욕망한다. 나는 그렇게 믿고 있다."라고 말했다. 나도 그랬다. 잘살고 있었지만 갱년기라는 통과의례를 거치며 겪는 우울과 무기력에 얽매이고 싶지 않았다. 꿈꾸지 않는 삶이 아니라 죽을 때까지 꿈꾸는 삶을 살고 싶었다.

이 나이에 세상을 구하는 위대한 일을 하겠다는 건 아니다. 일상에서 내가 할 수 있는 일들로 변화를 만들어 보고 싶었다. 미국

해군 제독 윌리엄 맥레이븐은 "세상을 변화시키고 싶다면 이불부터 똑바로 정리하라."라고 했다. 그에게 이불을 정리하는 것은 단순한 침구 정리를 넘어 하루의 첫 과업을 달성하는 뿌듯함과 용기를 주는 행위였다. 매일 아침 이불을 정리하는 그처럼, 나도 매일 아침의 루틴을 만들고 싶었다. 그리고 달리기가 나에게 의미 있는 루틴이 되었다. 그것도 새벽 달리기(6시 전이니 아침이 아니라 새벽이다)! 이제 총성이 울렸으니 어떻게든 뛰어나가야 한다.

5시 반에 만나기로 해서, 전날 알람을 5시에 맞추어 놓고 잠들었다. 달릴 때 입을 옷과 준비물을 침대 옆에 준비해 놓는 것도 잊지 않았다. 일어나자마자 옷만 갈아입고 나갈 수 있도록 만반의 태세를 갖춰 놓은 것이다.

푹 잤다고 생각했는데 눈을 뜨니 새벽 2시가 조금 넘었다. 아직 한참 남았으니 '더 자야지.' 하고는 다시 잠이 들었다. 그러고 눈을 뜨니 새벽 3시, 새벽 4시 10분… 결국 나는 5시에 알람이 울리기 전에 일어났다. 모처럼 새벽에 일어나는 거라 걱정이 많이 되었나 보다. 준비한 옷을 갈아입고 어린이 대공원으로 갔다.

가는 도중에 함께 달리기로 한 선배에게 메시지를 보냈다. 주차장에 도착할 때까지 답이 없다. 못 나왔을 수도 있겠다 싶었다.

아니, 안 나왔으면 좋겠다는 마음이 더 컸다. 그냥 말로만 끝내도 괜찮은데, 하루쯤 새벽에 일어난 것만으로도 감사할 수 있는데…. 그런데 후문에 도착하니 언덕을 달리며 내려오는 형광 점퍼가 보였다. 선배다. 벌써 한 바퀴 돌았다고 한다. 나에게 몸은 풀고 나왔느냐 묻는다. 그냥 나왔다고 했더니 준비 운동을 하란다. 그 말에 서둘러 준비 운동을 마치고 나도 따라 달렸다.

어린이 대공원에 놀러는 가 봤어도 달리러 간 건 처음이다. 선배가 첫날이니 함께 달려 주려나 보다. 달리는 주로를 모르니 한 바퀴 정도는 함께 달려 주는 것도 미덕이리라. 그런데 10km를 끝까지 함께 달려 주었다. 마라톤을 시작한 지 1년이 넘었지만, 동반주는 처음이다. 그간 남에게 폐가 될까 봐 늘 속도를 늦춰 혼자 달리던 나였다. 마라토너는 느리게 달리는 게 힘들다고 하던데 선배는 내가 따라올 수 있게 끝까지 배려해 주었고, 덕분에 나는 첫날 달리기를 성공적으로 마칠 수 있었다. 운동을 마치고 음료수를 마시는데 선배가 말했다.

"이왕 시작한 거 10일은 달려 봅시다."

마라톤 클럽의 공식 정모는 일요일과 수요일 이틀이다. 그래서 새벽 달리기는 일요일과 수요일에만 하는 걸로 예상했다. 사전에 기간을 정하진 않았으니까. 그런데 선배는 나에게 10일을 달리자고 한다. 자신도 아직 매일 달리기는 못 해 봤다고, 코로나19로 공식 달리기를 쉬고 있으니 한번 해 보자고 말이다. 나는 선배의 말이 끝나기 무섭게 또 "콜!"을 외쳤다. 10일은 할 수 있을 것 같았다. 마침 대구로 코로나19가 확산되어 모든 강의가 취소된 때였기에 달리기라도 해야 하루를 의미 있게 보낼 수 있을 것 같았다. 해 볼 만한 가치가 있는 일이라면 열심히 해 보자. 5시 반에 10km를 달리는 것이 어떤 가치가 있는지는 모르지만 한번 해 볼 만한 일인 건 확실했다.

03

30일만 달려 봅시다

새벽 달리기를 한다고 했더니 함께하고 싶다는 사람들이 나타났다. 운동해야 하는데 바쁘다는 핑계로 하지 못했던 사람들이었다. 함께해 준다니 더없이 고마웠다. 하버드 대학교 데이비드 맥클랜드 교수는 "당신의 준거 집단이 인생에서 성공과 실패의 95%를 결정한다."라고 말했다. 준거 집단은 한 개인이 자신의 신념과 태도, 가치관 및 행동 방향을 결정하는 데 준거 기준으로 삼고 있는 사회 집단, 즉 자신의 행위나 규범의 표준으로 삼는 집단을 말한다. 함께하는 것 자체로도 서로에게 표준이 되어 줄 수 있다.

그런데 첫날에는 아무도 나오지 않았다. 둘째 날도 선배와 둘이서만 달렸다. 그리고 셋째 날 드디어 오겠다던 사람들이 왔다. 사람이 온다는 건 어마어마한 일이라더니 함께할 사람이 오니 정말 힘이 되었다. 몸이 저절로 앞으로 달려 나가는 것 같았다. 힘은 들어도 함께한다는 든든함, 끝나고 마시는 음료수 한잔과 잠깐의 수다까지 이보다 더 좋을 수 없었다. 이들과 단체 메신저 방을 만들고 '좋은 습관 만들기'라고 이름을 붙였다.

'좋은 습관 만들기' 단체 메신저 방에는 함께하지 못하더라도 운동한 인증 사진을 올려 서로 응원하고 격려하는 사람으로 가득했다. 목동에서 한강을 달리는 사람, 중랑천을 걷고 달리는 사람, 아차산을 오르는 사람… 각자 있는 곳은 달라도 모두 운동을 인증하고 댓글로 응원했다. 선배와 나는 새벽마다 어린이 대공원을 달렸다. 비록 오지 못해도 함께하는 사람이 있다는 사실에 마음이 든든했다. 그런데 말이다. 10일을 채울 무렵, 선배가 "30일만 달려 봅시다."라고 하는 거다. 준거 집단이 인생에서 성공과 실패의 95%를 결정한다더니, 이번에는 나보다 단체 메신저 방에서 30일 더 해 보라고 아우성이었다. 내가 하면 자기들도 함께하겠다고. 응원군이 많으니 의사 결정도 속전속결이었다. 이번에도 나는 콜을 외쳤다. 그렇게 10일을 넘겨서도 어린이 대공원으로 향했다.

우리 삶은 습관이라는 무의식의 복합체다. 예로부터 수많은 철학자, 심리학자를 비롯해 현대의 자기 계발 강사들까지 습관의 중요성을 설파하는 이유는 습관이 행복과 불행, 성공과 실패를 결정하는 중요한 요소이기 때문이다. 무의식적으로 수없이 반복되어 자동화된 습관은 한번 길들면 쉽게 바뀌지 않는다. 지금 이 글을 읽고 있는 당신도 습관에 대한 책 한두 권은 읽어 보았으리라 생각한다. 21일의 법칙이 있다. 누군가는 21일의 법칙에 맞춰 좋은 습관을 들여 보려 노력했을지도 모르겠다. 나는 궁금했다. 정말 21일간 새로운 행동을 꾸준히 반복하면 습관이 될 수 있는지 말이다. 맥스웰 몰츠는 《맥스웰 몰츠의 성공의 법칙》에서 "무엇이든 21일간 계속하면 습관이 된다. 21일은 우리의 뇌가 새로운 행동에 익숙해지는 데 걸리는 최소 시간이다."라고 말했다.

그러나 10일을 일찍 일어나 달렸건만, 여전히 이른 기상은 쉽지 않았고, 달리기는 더 힘들었다. 21일간 새벽에 일어나 달리면, 새벽 기상과 달리기 모두 더 수월해질까? 도대체 21이라는 숫자는 무엇을 의미하는 걸까? 행운의 숫자 7의 삼배수, 인내와 끈기를 나타내는 수, 완벽함을 뜻하는 3과 7을 곱하여 전체성과 장엄함을 뜻하는 수, 달걀이 부화하여 병아리가 되는 기간, 브라이언 트레이시의 긍정적인 정신 태도를 만드는 기간. 그 21일을 꾸준히 하면 정말 달라질 수 있을까? 일단 해 보자. 30일을 달리자고 했을 때 순순히 알겠다고 한 이유는 그런 호기심 때문이었다. 수많은 자기 계발서에서 말하는 습관이 만들어지는 기간이 나에게도 적용이 되는지 직접 실험해 보고 싶었다.

10일이 지났을 때 습관보다는 의지력이 나를 깨웠다. 그런데 21일이 지나도 마찬가지였다. 여전히 습관이 아닌 의지력으로 일어났다. 몸의 통증이 줄어들고 체력은 더 좋아질 줄 알았는데 아니었다. 매일 달리니 다리는 통통 붓고, 고관절도 아프고, 잠은 더 많이 설쳤다. 갱년기 증상 중 하나인 불면증이 발현하는 것 같았다. 그렇게 30일에 가까워졌다.

그런데 30일이 될 무렵, 선배는 "이왕 시작한 거 딱, 100일만 달려 봅시다."란다. 이번에는 정말 100일을 달려야 할 것 같은 불안감이 엄습해 왔다. 그리고 30일 축하 파티에서 급기야 '100일 축하'라고 새긴 케이크를 들고 나타났다. 아무리 뛰어난 천재도 혼자서는 자기 길을 내지 못한다더니 이젠 내 의사와 상관없이 100일의 화살이 시위를 벗어나 날아가 버렸다. 그렇게 나는 31일째 날에도 달리고 있었다.

04

이왕 시작한 거 딱, 100일만 달려 봅시다

처음부터 100일을 달리자고 했으면 아마 시작도 안했을 것이다. 그러나 결론부터 말하자면 나는 100일을 달렸다. 매일 같은 시간, 같은 장소는 아니었다. 기준은 5시 반에 어린이 대공원에서 10km를 달리는 것이지만, 주말에는 20km를 달리고 이후 28km, 32km, 36km 조금씩 거리를 늘렸다. 장거리를 달리는 날은 새벽 4시나 4시 반에 만났고, 여행을 가거나 집안 행사가 있는 날에는 해당 지역에서 달렸다. 장거리는 주로 한강을 달렸고, 장거리를 달리고 난 다음 날에는 심신의 안정을 위해 5km를 간단히 달렸다. 예기치 않은 사건 때문에 걷기만 한 날도 있었지만 그래도 100일을 충실히 달렸다.

생각해 보니 지금껏 살면서 100일 동안 무언가를 꾸준히 해 본 적이 없다. 100일간 무언가를 해서 성공하면 기적 같은 일이 내 인생에 뚝 떨어질까? 처음에는 내가 습관을 만들지만 나중에는 습관이 나를 만든다고 하던데, 100일을 달리면 습관이 나를 저절로 일어나게 할 수 있을까?

21일이 지났을 때도 습관은 만들어지지 않았다. 그때 게리 켈러와 제이 파파산의 《원씽》에 나온 66일이 생각났다. 2009년 런던 대학교에서 '새로운 습관을 형성하기까지 얼마나 오랜 시간이 걸리는가?'라는 연구를 실시했는데, 전체적으로는 18~254일까지 다양했지만 평균적으로 66일이 걸리는 것으로 나타났다. 간단한 습관은 그보다 짧게, 복잡한 습관은 그보다 오래 걸렸다.

예전 광고에 "이 사람은 춤을 책으로 배웠습니다."라는 카피가 있었다. 아는 것은 많은데 실제 삶에 적용이 안 되는 사람을 두고 한 말이다. 책상에서 이론으로 배우는 지식과 운동장에서 뛰어 놀며 경험으로 배우는 지식의 균형을 이룬 진정한 고수는 이를 스스로 깨달아 연마한 사람들이다. 아는 것에서 그치지 않고 땀과 살을 붙여 자신만의 방식을 만들어 가는 과정을 이룬 사람들이다. 나도 직접 느끼고 싶었다. 좋은 습관을 들이고, 정말 66일이 지나면 가능한지 궁금했다.

19세기 영국의 유전학자 프란시스 골턴은 뛰어난 업적을 남긴 사람들의 공통점을 '재능, 열정, 열심히 노력할 수 있는 능력' 세 가지로 요약했다. 나는 타고난 재능이 없어도 열정 하나 믿고 치열하게 노력하며 살았다. 그러나 이제는 노력이 아니라 즐길 줄도 아는 사람이 되어야 할 때였다. 재능 있는 사람도 노력하는 사람을 이길 수 없고, 노력하는 사람도 즐기는 사람을 이길 수 없다는 말을 조금은 이해하는 나이가 되었다. 웃음을 배우며 일을 즐기는 것이 무엇인지 깨달았다면, 마라톤을 하면서는 나도 모르게 즐기는 사람이 되어 갔다.

좋은 습관을 만들고 싶은 건 인생을 제대로 즐기기 위한 건강한 습관을 갖기 위함이었다. 늦게 시작한 운동이지만 운동을 통해 만난 즐거움이 건강한 습관을 만들어 줄 것이라 믿었다. 나이 들었다고 방 안에 들어앉아 스스로 창살 없는 감옥에 갇히기보다는 활력 넘치게 살고 싶었다. 인생의 기쁨과 즐거움을 잃고 노화와 질병에 시달리는 삶이 아니라 몸을 움직이는 생동감 넘치는 삶 말이다. 그렇다면 지금부터라도 혼자 할 수 있는 운동 한 가지는 확실하게 만들어야 한다.

누구나 처음으로 무언가를 배우고 익히려면 반복 훈련을 해야 한다. 30일에 100km도 못 달려 본 사람이 마라톤 하는 할머니가 되고 싶다고 말할 자격이 있을까? 달리기는 말로 설명할 수 있는 세계가 아니라 몸으로 경험하는 세계다. 설명해도 알 수 없는 것이 많은 세상에 경험해 보지도 않은 걸 이야기한다는 건 어불성설이며, 경험하지 않은 세계보다는 경험한 세계에 관해서 이야기하는 것이 더 자연스럽고 설득력이 있다. 이 나이에 기록을 경신한다거나 경기에 나가서 우승하겠다는 꿈은 아니더라도 달리는 할머니가 되려면 제대로 달려 봐야 한다. 그렇게 나는 100일 달리기를 시작했다.

05

팔랑 귀야, 고맙다

경영학의 대가 피터 드러커는 "21세기에 가장 중요한 기술은 새로운 기술을 배우는 기술이다. 시간이 흐를수록 많은 것이 쓸모없어진다."라고 했다. 배움의 수명이 짧아진 시대다. 10년이면 강산도 변한다는 말은 이제 옛말이다. 지금은 자고 나면 새롭게 나타난 기술이, 다시 자고 나면 세상을 바꿀 기술을 탄생시키는 시대다. 아날로그의 향수에 빠져 점점 스마트해지는 세상을 등한시한다면, 직장에서는 물론 사회에서도 도태되는 것이 작금의 현실이다. 그래서 우리는 새로움을 배우고 낯섦을 경험해야 한다.

그렇다면 어떻게 배워야 할까? 진짜 배움은 놀이와 비슷하다. 즐기지 못하면 미지의 세계를 탐구할 수 없고, 탐구하지 못하면 기존 세계와의 차이점을 발견할 수 없기 때문이다. 따라서 배움의 첫 번째 단계는 재미에서 비롯한다. 우리가 직접 무언가를 읽고, 보고, 만지며 느끼는 재미는 경험으로, 경험은 지혜로 이어지는 것이 지식의 습득 과정이다. 이때 무엇보다 중요한 것은 팔랑거리는 지적 호기심이다. 사람들은 호기심이 많아 이것저것 시도해 보고, 자주 실패하는 사람을 부정적으로 바라보며, 줏대 없이 남의 말에 휘둘리는 팔랑 귀라고 부른다. 그러나 이는 어떻게 보느냐에 따라 다르다.

100일 달리기는 좋게 말하면 삶에 대한 호기심, 나쁘게 말하면 팔랑 귀를 가졌기에 가능한 일이었다. 한번 해 보자는 말을 덥석 잡아서 실행하는 능력은 나의 다양한 가능성을 확인하는 데에 있어서 무엇보다 중요한 재능이었다. 이 나이에 그게 가능할까를 고민만 하고 있었다면 하루도 못 달렸을 것이다. 그러니 세상에 '절대'라는 말은 함부로 하는 게 아니다. 삶은 해석하는 자의 몫이며, 그 해석의 결정권은 오직 당신에게 있다. 어떤 선택을 하는가에 따라 인생은 당신의 의지대로 움직인다.

'인간은 생각하는 갈대'라는 파스칼의 말처럼 인간은 남의 말에 잘 휘둘리는 나약한 존재지만, 다양한 생각을 할 수 있는 고귀함을 지닌 존재 또한 인간이란 사실을 명심하자.

06

변화의 필수 조건은 명확한 목표다

살다 보면 스쳐지나가던 말이나 단어들이 가슴을 후려칠 때가 있다. 어제도, 오늘도, 내일도 주고받을 말들. 너무나 익숙해서 더는 새로울 것도 낯설 것도 없는 말이 갑자기 둔기로 변해 뒤통수를 후려칠 때, 익숙한 말은 그제서야 그 간극으로 인해 꽃이 된다. 손쉽게 극적인 변화를 이끌어 내는 행동 설계의 힘 《스위치》를 쓴 칩 히스와 댄 히스는 변화에 저항하는 이유를 '명확성의 결핍'이라고 말하며, "더 건강하게 살라."라는 포괄적인 말보다는 "다음에 마트 유제품 판매대에 가거든 일반 우유 말고 100% 원유를 집어라."와 같이 명확하게 말하길 권한다. 목표도 마찬가지다. 의사이자 건강관리개선연구소(IHI)의 소장인 도널드 베릭의 사례를 보자. 베릭은 사람의 생명을 구하는 방법과 관련한 몇 가지 아이디어를 가지고 이를 실현하기 위해 노력한다. 그는 한 연설을 통해 이를 널리 알리고 실천할 수 있도록 독려했는데, 그의 연설은 다음과 같다. "우리가 해야 한다고 생각하는 바는 이렇습니다. 우리는 10만 명의 생명을 구해야 합니다. 또 우리는 그 일을 2006년 6월 14일까지 해내야 합니다. 지금부터 딱 18개월 동안에 말입니다. '약간'은 숫자가 아니며, '곧'은 시간이 아닙니다. 숫자는 10만이고 시간은 2006년 6월14일 오전 9시입니다." 어떤가? 명확하지 않은가? 명확하기에 당장 움직일 수 있다.

100일 달리기는 좋은 습관을 하나 만들기 위함이 시작이었다. 내 삶을 대대적으로 혁신하고자 한 건 아니다. 갱년기라는 내적 통과의례와 코로나19라는 외적 사회 현상 속에서 일상이 즐겁기라도 했으면 좋겠다는 작은 마음이 발로였다. 좋은 습관을 지니려고 하는 것은 무의미한 일상을 의미 있게 만들기 위함이며, 더불어 좋은 행동의 결과를 만들기 위함이었다. 습관은 자동으로 행동을 야기하기에 좋은 습관을 지니려면 좋은 행동을 유발할 수밖에 없다. 그러나 좋은 습관을 만든다는 말은 광범위하고 포괄적이었다. 구체성과 명확성의 측면에서 보면 목표 설정이 제대로 되어 있지 않았다.

오래전 대학원 워크숍에서 있었던 일이다. 신입생 환영회를 겸

한 행사여서 강사를 초빙해 강의를 듣는 시간이 있었는데, 강사가 갑자기 신입생 몇 명을 앞으로 나오게 했다. 그러고는 쪽지를 나누어 주며 거기에 적힌 대로 미션을 수행하도록 했다. 쪽지에는 "팔 굽혀 펴기 10회를 하시오.", "애국가 1절을 부르시오.", "선배 한 명을 데리고 나와 둘이 15초간 박장대소하시오." 등이 적혀 있었다. 쪽지를 받은 신입생들은 모두 미션에 맞춰 움직이기 시작했다. 그런데 한 신입생만 우물쭈물하더니 아무것도 하지 못하고 들어갔다. 나중에 알고 보니, 그의 쪽지에는 "아무거나 하시오."가 적혀 있었다.

이제 와서 다시 정리해 보면 '좋은 습관 만들기'는 생활을 즐겁고 활기차게 만들기 위한 프로젝트 명칭이나 마찬가지였다. 매일 아침 5시 반에 10km를 달리는 것. 처음에는 10일만 하려고 했는데, 30일이 되고, 100일이 되었다. 5시 반에 시작해 10km를 달린다는 목표와 기준이 명확해서 가능한 일이었다.

목표와 기준을 명확히 세워야 하는 이유이다. 그러고 나서는 반복하면 된다. 유독 행동이 힘든 사람이라면 행동할 수밖에 없는 시스템을 만들고 그 속에 들어가면 된다. 여기서 말하는 시스템은 정확한 목표다.

07

생각이 바뀌는 건지, 행동이 바뀌는 건지

“2월 26일 5시 27분. 좋은 습관 만들기 3일 차. 감기약을 먹었다는 핑계로 아침 운동을 쉬었다. 그래도 5시 반에 이불을 박차고 일어났다. 뭐라도 해야 한다. 책을 읽었다.” 그날 읽고 있던 책에 붙은 메모이다.

좋은 습관 만들기의 일환으로 시작한 새벽 달리기는 2월 24일에 시작했다. 그런데 다음 날 비가 왔다. 하늘의 선물 같았다. 힘들어서 나가기 싫었는데 비까지 내려 주시다니. 이건 분명히 운동하지 말라는 신의 계시이다. 그러나 생각과는 달리 마음은 개운치가 않았다. 찝찝한 마음으로 꾸벅꾸벅 졸면서 컴퓨터 앞에 앉아 글을 쓰고, 다음 날은 감기를 핑계로 나가지 않고 책을 읽었다. 그러므로 100일 달리기를 제대로 시작한 날은 2월 27일이다. 그날 이후로는 비가 오나 감기 기운이 있으나 무조건 나갔다. 선배에게 앞으로 비가 오면 어떻게 할지 물었더니 "광진교 밑에서 달리면 돼요."라고 했기 때문이다. 2020년은 비가 자주 내렸다. 날씨가 안 좋거나 추운 날에는 광진교 아래를 달렸고, 따뜻한 날에는 비 와도 그냥 맞고 달렸다.

받은 잔은 참고 마셔야 한다.

내 삶의 철학이자 좌우명이다. 좌우명은 어떤 일을 선택했을 때 힘들거나 후회스러울 때 나를 위로하는 말이자, 그 일을 끝까지 마칠 수 있게 하는 원동력이 되어 준다. 매일 달리기를 시작했으니 끝까지 해야 할 것 같았다. 가다가 포기하면 간만큼 이득이라고 하지만 중간에 포기하는 건 내가 아니다. 무슨 일이든 끝까지 해 봐야 성패를 알 수 있다. 성공하면 그대로 나아가고 실패하면 다른 방법을 찾으면 된다. 그러니 일단 시작한 일은 끝까지 해야 한다. 오늘의 나는 어제의 내가 선택한 결정과 행동의 총체적인 결과물이다. 나는 힘들고 포기하고 싶을 때마다 나를 위로하고 일으켜 세웠다. 그리하기 위해서는 좌우명과 철학이라는 자극제가 필요했다. 짧은 명언들은 나를 위로하고 일으켜 세워 다시 걸어 나갈 수 있게 했다. 다이어리나 메모지, 책이나 눈에 잘 띄는 곳에 좋은 글귀를 적어 두는 건 언제든 보고 힘을 얻기 위함이다.

우리 마라톤 클럽은 광진교 남단의 만남의 광장에서 모여 달린다. 정기적으로는 수요일 저녁과 일요일 아침, 일주일에 두 번이다. 비가 오나 눈이 오나 달리기를 멈춘 날이 없다고 하는데, 당시 나는 그게 정말인지 궁금했다. 비 오는 날 운동이라니. 마라톤 클럽에 들어간 첫해 어느 날, 비가 왔다. 한밤중에 나갈까 말까 고민하다가 정말로 비 오는 한밤중에 모여 운동을 하는지 확인하고 싶어 일단 나갔다. 주차장에 주차하고 만남의 광장을 지나는데 사람이 보이지 않았다. '그러면 그렇지. 이렇게 비가 오는 저녁에 야외에서 달리기라니.' 그런데 자세히 보니 누군가가 달리고 있는 게 보였다. 헉. 한두 명이 아니었다. 정말 대단한 사람들이다.

장거리 달리기를 하는 사람들은 평소보다 두세 시간 일찍 만난다. 그날그날 달리고 싶은 거리에 따라 조절하며 나오는데, 나는 또 궁금해졌다. 비 오는 날, 새벽 4시에도 달리는 사람이 있을까? 남의 말 잘 듣는 팔랑 귀에 호기심까지 많은 나는 또다시 확인하러 나갔다. 새벽인데다 비가 와서 광장에는 아무도 없었다. '그래. 새벽 4시에, 비까지 오는데 나와서 달리는 사람이 어디 있겠어.' 속으로 쾌재를 불렀다. 나와 보길 잘했다는 생각과 함께. 그런데 광진교에 다다를수록 시커먼 물체들이 움직이는 게 보였다. 자세히 보니 사람이었다. 헉. 아무도 그들을 말릴 수 없을 것이다. 그날 이후, 나는 비가 오나 눈이 오나 달린다는 그들의 말을 믿었다. 눈으로 확인했다. 그리고 나도 그들과 함께 눈이 오나 비가 오나 달리고 있다.

해마다 시월 마지막 주 일요일에는 춘천 마라톤이 열린다. 의암호를 끼고 달리는 사람들을 보며 나도 꿈을 키웠다. 그곳도 마찬가지이다. 비가 오면 선수들은 비닐 우의를 입고 달린다. 비 와도 달리는 사람을 보면 비 때문에 달리지 못한다는 핑계를 댈 수도 없어진다. 아무튼 나는 아무런 핑계를 찾지 못했다. 그냥 달렸다. 달리기는 비가 오면 할 수 없는 운동이라는 고정관념이 사라지자 더는 날씨에 구애받지 않게 되었다. 이제는 일찍 일어나는 게 두렵지 않다. 새벽에 알람이 울리기도 전에 눈이 번쩍 떠지면, 바로 옷을 챙겨 입고 나간다. 이를 매일 반복하니 나는 어느새 새벽형 인간이 되어 있었다.

08

마음먹은 걸 해내는 기술

책을 좋아했다. 그런데 책을 좋아한다고 다 똑똑하고 공부를 잘하는 건 아닌가 보다. 나를 보면 그렇다. 책을 열심히 읽은 이유는 똑똑해 보이고 싶었던 마음의 발로다. 그런데 읽는 것 자체에만 주안점을 두었나 보다. 책을 읽고 지적 얼개를 만들거나 논리적으로 사유하고, 요약 정리하는 능력은 키우지 못한 채 그냥 읽었다는 자체에 만족하는 삶이었다. 그래도 한번 잡은 책은 끝까지 읽으려고 노력했다는 점은 가상하다. 어려운 책도 그냥 끝까지 읽었다. 당시 나는 책을 사면 맨 앞 장에 책을 산 날짜와 그날의 소감을 간단히 적고, 완독하면 다 읽은 날짜와 소감, 책을 분실할 경우 보내 달라는 메시지와 주소를 적는 절차를 거쳤다. 이런 나만의 절차는 나에게 책 읽기의 동기이자 재미였다.

무슨 일이든 시작도 어렵지만 포기하지 않고 끝까지 해내는 건 더 어렵다. 달리기도 그랬다. 달릴수록 힘들었다. 아무리 힘들어도 끝을 보겠다는 오기와 객기를 다 소환해도, 힘들었다.

멕시코의 '바란카스 델 코 브레(구리 협곡)'라는 험준한 오지에는 타라우마라족이 산다. 타라우마라족은 자신들을 '라라무리(달리는 사람들)'이라고 부를 정도로 지구에서 가장 빠르고 오래 달리는 사람들이라 전해지며, 가장 건강하고 조용한 사람들이라고 한다. 또한 그들은 태어나서 걷기보다 달리기부터 배운다. 달리기가 생존과 결부되어 있기 때문이다. 이들은 사냥할 때 창과 화살 같은 도구를 쓰지 않고, 목표한 사냥감이 나타나면 끝까지 추격해서 맨손으로 잡는다. 물론 동물이 인간보다 빠르다. 그러나 동물은 스스로 체온을 조절하지 못하므로 순간 속도는 빠르지만 오래 달리지는 못한다. 즉, 타라우마라족은 속도가 아닌 목표로 정한 사냥감의 냄새와 흔적을 끝까지 쫓아 사냥감이 지쳐 더는 도망치지 못할 때 잡는다. 그야말로 오래 달리는 능력과 기어코 잡고야 말겠다는 끈질김이 그들의 생존 수단이다.

아무리 빠르게 달리고 오래 달린다 한들, 중간에 포기하면 사냥감을 잡을 수 없다. 인내와 노력이 있어야 한다. 나도 그들처럼 포기하지 않고 마음먹은 만큼은 해내고 싶다. 몸이 아픈 것은 달리기의 결과물이다. 아프지 않고 달릴 수 있다면 좋겠지만 그럴 수 없다면 스트레칭과 마사지로 몸을 관리하면서 달리면 된다.

오늘의 나는 어제의 내가 만든 결과물이다. 《축적의 시간》은 시행착오를 거치며 경험과 지식을 축적하고 숙성시키는, 이른바 '창조적 축적'을 지향하는 사회 시스템과 문화를 구축해야 한다고 했다. 이 책은 TV 프로그램으로도 제작되어 많은 사람이 호응 받았는데, 나는 이 영상을 대학원 수업의 과제로 제안한 적이 있다. 교과목 특성상 만학도가 대부분이고 30대를 코앞에 둔 학생이 한 명 있었는데 만학도들은 영상에 공감하며 노력하는 삶을 칭송한 반면, 젊은 학생은 "교수님. 축적의 시간은 노력하고 살라는 말을 과학적으로 연구하고 논리적으로 증명해 보여 주는 꼰대들의 잔소리네요."라고 말했다. 하마터면 열심히 살 뻔했다고 말하는 세대다운 말이었다.

그러나 스티븐 코비는 "노력한다고 해서 다 성공하는 것은 아니지만 성공한 사람들의 공통점은 모두 다 노력했다."라고 말했다. 노력이라도 안 하면 무엇을 할 것인가? 그나마 노력이라도 했으니 이만큼 살 수 있는 것일지 모른다. 그 노력이 무언가 새롭게 만드는 창조적 활동이면 좋겠지만, 그게 아닐지라도 인생을 즐겁고 가치 있게 만드는 노력, 삶의 멋과 낭만을 위한 노력은 있어야 한다.

또한 나이가 들어서도 자신이 원하는 삶을 위한 노력은 필요하다. 나도 노력한다. 인생을 즐겁게 만들기 위해 좋은 습관을 들이려 노력하고, 갱년기지만 아프고 무기력한 삶이 아닌 부르릉거리며 시동을 거는 모터사이클처럼 가슴 떨리는 삶을 살기 위해 노력한다. 세상에 우연한 기적은 없으며, 우연한 기적도 노력하는 사람의 것이다.

09

내 몸에 자동 항법 장치를 달아라

자동 항법 장치는 조종사가 직접 조종하는 것이 아니라 미리 입력해 둔 데이터대로 항로와 고도를 비행하여 목적지에 도착하는 자동 조종 장치를 말한다. 조종사는 비행기가 이륙한 뒤 고도가 안정권에 접어들면 비행기를 오토파일럿 모듈에 맞춰 두고 착륙할 때까지 따로 조작하지 않는다. 배도 자동 항법 장치를 이용해 항해한다. 목적지와 기후, 거리 등을 확인하여 속도와 항로를 계산한 후 자동 항법 장치에 입력하면 된다. 사람에게도 이런 자동 항법 장치가 있을까? 있다면 그 이름은 바로 '습관'일 것이다.

사람의 자동 항법 장치인 습관을 만들려면 시간이 필요하다. 앞서 이야기했듯이, 맥스웰 몰츠와 브라이언 트레이시는 습관이 만들어지는 최소한의 시간을 21일이라고 했고, 게리 켈러와 제이 파파산은 평균 66일이라고 했다. 습관 만들기에 이렇게 기간이 있는 이유는 인간의 의지는 한계가 있기 때문이다. 게다가 인간은 지구력도 약하다. 습관은 한번에 만들어지지 않는다. 그러나 정해진 기간만이라도 반복하여 체화하고 나면, 한번 길든 습관은 몸속 어딘가에 흔적을 남기고, 그 흔적은 자신감이 되어 다음 목표를 위한 든든한 버팀목이 되어 준다.

또한, 포기하지 않으려면 강인한 의지력이 필요하다. 의지력은 목표를 이루기 위해 마음을 꿋꿋하게 지켜 나가는 힘이며, 많은 실패와 유혹을 극복하며 조금씩 길러진다. 또한, 의지력이 강한 사람은 목표한 바가 있으면 괴력을 발휘할 수 있다. 그런데 의지력은 아쉽게도 수명이 정해져 있는 배터리와 같아서 충전해 주지 않으면 방전되고는 한다. 휴식과 음식이 필요하다. 《원씽》에서는 한 끼 굶으면 가장 최근에 발달한 의지력부터 약해지기 시작하며, 의지력이 약해질 대로 약해지면 몸은 바로 기본값으로 돌아간다고 했다. 습관이 중요한 이유이다. 습관이 바로 몸의 기본값이다. 자동 항법 장치가 있어야 하고자 하는 일을 의지력 없이도 할 수 있다. 즉, 습관과 의지력은 뫼비우스의 띠로 이어진 것처럼 서로 영향을 주고받는 관계로 보는 게 마땅하다.

나의 달리고자 한 동기는 '좋은 습관을 만들고 싶은 마음'이었다. 그리고 목표는 '매일 10km를 100일 동안 달리는 것'이었다. 이러한 동기와 목표를 정한 다음에는 이를 100일간 유지하는 힘이 필요했다. 목표한 바를 유지하기 위해 보통은, '되뇌어서 결심하기, 다른 사람들에게 목표한 바를 알리기' 등의 방법을 쓰는데, 나는 매일 달리기의 의미를 찾아 기록하며 목표를 되뇌고(물론 이 책에는 모든 날짜를 기록하기보다 유의미한 날, 달리기를 위한 노력이 빛났던 날을 담았다), 준거 집단을 만들어 함께하는 방법으로 활용했다.

이렇게 내 몸의 자동 항법 장치인 습관을 만들기 위한 코딩값을 입력했으니, 이제는 실행하면 된다. 이제 100일 달리기 출발이다.

CHAPTER

3

100일 달리기

이왕 시작한 거

딱, 100일만 달려 볼게요

1
일차
2. 27

러너스 하이

아침이 오는 풍경은 언제나 경이롭다. 누군가에게는 하루의 시작을, 누군가에게는 하루의 끝을 알리는 아침. 새벽의 어둠을 뚫고 달리다가 맞이하는 아침은 늘 찬란하다. 100일 달리기 시작 전날, EBS 〈세계테마기행〉에 박문호 박사가 남미의 지질을 주제로 아마존을 탐험하는 이야기가 나왔다. 소파에서 졸다가 잠시 눈을 떴을 때 내레이션이 들려왔다. "아마존을 보면 강에 대한 프레임이 달라진다." TV로 보는 아마존 저 멀리 수평선이 보였다. 수평선이 보이는 강이라니 보고도 믿기지 않았다.

100일을 달리기로 하고서는 하루 나간 뒤 이틀을 쉬었다. 하루는 비가 와서, 하루는 감기 기운으로. 힘들다는 걸 알기에 가지고 다니는 핑계 한두 가지쯤은 누구나 있을 것이다. 마라톤을 자학 운동 또는 극한의 스포츠라고 하는 이유를 알 것도 같다. 함께 달리는 지인은 급기야 흙수저 운동이라는 말로 마라톤의 고통을 표현했다. 어린이 대공원은 네 바퀴를 돌면 10km가 조금 넘고, 언덕과 평지가 절묘하게 구성되어 있어 마라톤을 연습하기에 최적의 장소다. 그러나 달리기 싫은 사람에게 언덕은 넘어야 할 고비다. 그날도 그랬다. 한 바퀴 돌고 두 바퀴째 긴 언덕을 오르는데 갑자기 딱 멈추고 싶은 충동이 일었다. 금방이라도 발에 힘이 빠져 쓰러질 것 같고 숨은 턱밑까지 차다 못해 정수리를 뚫고 나올 것 같았다.

마라톤처럼 극한 운동을 하는 사람은 도저히 앞으로 나아갈 수 없을 것 같은 상황을 반드시 마주하게 되는데, 이 순간을 참고 넘기면 고통이 사라지고 평온함이 찾아온다고 한다. 이 임계점이 매일 10km를 달리는 사람에게는 7~8km 정도에 찾아오고, 42.195km의 풀코스를 달리는 사람에게는 30km 정도에 찾아온다. 마라토너들은 이를 '마의 30km'라고 부른다. 그리고 이러한 임계점을 참고 넘겨 평온한 상태에 이르는 것을 '러너스 하이(Runner's high)'라고 한다.

마라톤 클럽에 나간 첫날 10km를 완주했다. 고통을 참고 달렸다는 생각에 마음이 하늘에 닿아 있었고, 웃음이 절로 났다. 정말 상쾌하고 행복했다. 이런 기분을 알기에 여전히 금방이라도 멈출 것 같은 다리를 들어 앞으로 내디딘다. 달리고 난 뒤의 쾌감을 경험해 본 사람은 달리는 도중의 고통으로 쉽게 포기하지 않는다.

그러나 나는 아직까지 러너스 하이가 무엇인지는 모르겠다. 달리는 매 순간이 고통이고, 풀코스를 달릴 때는 극한의 고통을 느꼈다. 격렬한 운동을 하는 사람은 엔도르핀 수치가 높아서 근육통이 완화되고, 뇌에서 모르핀과 같은 물질이 나와 고통을 잊게 해 준다는 이론이 러너스 하이라면 나도 느껴 본 것 같기도 하다. 아무튼 1일 차를 무사히 마쳤다. 좋은 습관 만들기를 시작하고 이틀을 쉬었으니 다시 첫날이 시작되었다. 오늘부터가 진짜 1일이다.

2
일 차
2. 28

찌지 않는다는 말

"찌지 않는다는 말이 반드시 날씬하다는 것만 뜻하지는 않는다. 찌지 않는다는 말은, 빠지지는 않지만 유지할 수 있는 걸 안다는 뜻이다. 그 깨달음이 나를 달리게 한다." 한창 달리다가 김연수 작가의 《지지 않는다는 말》이 생각났다. 작가의 인생을 바꾼 말이라는데 나에게는 '찌지 않는다는 말'로 다가왔다. 같은 말이라도 상황에 따라 해석이 달라진다더니, 나도 날씬해지고 싶은가 보다.

달리기는 유산소 운동이라 다이어트에 좋으며 공복일 때 가장 효과가 크다. 그러나 예외는 있다. 다이어트는 안 되더라도 더 찌지나 말자고 생각하며 나는 달린다.

'팻 앤드 핏(Fat & Fit)'이라는 말이 있다. 뚱뚱해도 건강할 수 있다는 말이다. 2004년 미국의 사우스캐롤라이나 보건대학원의 스티븐 블레어 박사 연구팀은 60세 이상의 노인 2,603명을 대상으로 12년간 운동의 여부와 사망률의 관계를 추적 연구했는데, 그 결과 정상 체중이든 과체중이든 운동하는 집단은, 정상 체중이지만 운동하지 않는 집단보다 사망률이 낮았다. 체중이 같은 노인 중에서는 운동을 한 집단이 운동하지 않는 집단보다 사망률이 절반 이하로 낮았으며, 운동량이 가장 적은 집단은 운동을 가장 많이 한 집단보다 사망률이 네 배 높은 것으로 나타났다.

그레이스 리우 박사는 "뚱뚱해도 운동을 꾸준히 하는 사람은 그렇지 않은 사람보다 휴식기 맥박이 낮고, 근육량이 많으며, 심장 기능이 더 좋게 나타나는 등 전반적으로 건강이 양호했다."라고 말했다. 아울러 "뚱뚱한 사람도 꾸준히 운동하면 심혈관 기능이 좋아져 더 오래 달리고 더 많은 계단을 오를 수 있으며, 살이 빠지지 않아도 운동하는 것 그 자체로 수명이 길어지는 등 유익한 변화를 맛볼 수 있다."라고 주장했다. 뚱뚱해도 건강하고 장수할 수 있다는 이야기이다.

2014년 삼성경제연구소 자료에 따르면 우리나라 여성의 95%가 자신을 뚱뚱하다고 생각한다고 한다. 먹고사는 문제가 해결되니 이제는 어떻게 하면 더 아름답게 보일까를 고민하는 세상이다. 사람들은 운동을 통한 다이어트가 최고라는 걸 알면서도 단시간에 효과를 얻을 수 있는 다이어트 프로그램을 선호한다. 그리고 잘못된 다이어트 방법으로 요요 현상을 경험하며 다시 예전으로 되돌아간다.

나도 달리다 보니 자꾸만 다이어트를 기대하게 되었다. 지지 않는다는 말이 찌지 않는다는 말로 들리는 정도라니. 달리기 둘째 날부터 살이 빠지기를 기대하는 나는 우물에서 숭늉을 찾는 사람과 마찬가지다. 50년 넘게 유지되어 온 몸이 하루아침에 변할 리 없는데도 말이다.

3
일차
2. 29

말하는 자, 참는 자, 그냥 달리는 자

새벽에 집을 나서는데 일찍 잠에서 깬 남편이 힘들지 않느냐 묻는다. "힘들어."라고 했더니, "몸 생각해 가면서 해. 힘들면 쉬어. 이제는 그럴 나이가 됐어."라고 한다. 그 말을 듣자 갑자기 오기가 생겼다. "이거 왜 이래. 내가 10일 동안 매일 10km를 달려 보겠다는데." 새벽에 힘들게 일어나는 내가 안쓰러워 보였을 것이다. 그러나 나는 목표가 있는 사람이다.

박사 학위를 받고 남편을 따라 소백산을 등반한 적이 있다. 도솔봉까지 가는 루트였는데, 뒤처지고 싶지 않아 선두를 따라가다 보니 점점 체력의 한계가 느껴졌다. 공부한다고 책상에만 앉아 있던 티가 났다. 겨울이라 누군가가 눈을 뚫어 내 만든 오솔길을 따라 걸었는데 조금만 잘못 밟으면 허벅지까지 눈 속에 푹푹 빠졌다. 2월 초였는데도 산 밑 어딘가에서 강한 냉풍이 불어오는 것 같았고, 춥고 힘들다는 말이 저절로 나왔다. 그러자 함께 간 지인이 말했다. “엄홍길 대장도 산에 오를 때는 힘들대.” 달리기도 그랬다. 늘 시작할 때는 힘들고, 달리는 도중에는 더 힘들다. 러너스 하이라는 걸 언제쯤 제대로 경험하게 될지 궁금했다. 내가 무딘 건지 10km도 달렸고, 하프코스와 풀코스를 다 달려 봤는데 아직 그 순간을 맛보지 못했다. 나만 마냥 힘든 건가? 이제 막 시작한 젊은 사람들은 속도도 빠르고 힘들어 보이지도 않는다. 아픈 데도 없는 것 같다. 힘들다는 소리 없이 묵묵히 잘도 달린다. 너무 궁금해서 “힘들지 않아요?” 하고 물었더니, 그들은 힘들지만 그냥 참고 달린다고 했다. 그렇구나. 누군가는 힘들다고 말을 하고, 누군가는 힘들어도 참고, 누군가는 그냥 달린다.

다행인 건 시작할 때는 힘들어도 달리다 보면 내 페이스를 찾아간다는 사실이다. 4일 차에는 다섯 바퀴를 돌고 나서도 더 달릴 수 있을 것 같은 느낌이 들었다. 그러나 달리지 않았다. 선을 넘지 말자. 더 가고 싶을 때 멈추는 것도 능력이리라.

5
일 차
3. 2

리디아드 훈련법

10일이 목표였으니 이제 반을 지났다. 전날은 종일 피로를 얹고 살았다. 아침에 깨어났는데도 기분이 상쾌하지 않았고, 비몽사몽으로 일도 제대로 하지 못했다. 조지 쉬언은 “아침에 깨어났는데도 기분이 상쾌하지 않다면 조심하라. 주의력이 떨어지고 집중하지 못하게 될 때는 느긋하게 마음먹어라. 이 모든 것들에 귀를 잘 기울여라. 몸을 일관되게 지켜 주는 능력, 몸을 평온하게 유지하는 능력은 무리한 연습 때문에 무너지고 있는 것이다.”라고 했다. 선배에게 나도 지금 무리해서 운동하고 있는 건 아닌지 물었더니, 선배는 “몸이 덜 만들어져서 그런 겁니다.”라고 했다. 그냥 더 달려 보자.

달리는데 선배가 '리디아드 훈련법'에 대한 이야기를 하며, 3일을 한 세트로 '하루는 본인의 페이스로 달리기, 하루는 언덕을 빠르게 올랐다가 평지는 천천히 달리기, 하루는 쉬면서 천천히 달리기, 일주일에 하루는 장거리 달리기'로 달려 보자 제안했다. 그날 이후로 이 원칙을 기준으로 달렸다.

리디아드 훈련법

뉴질랜드의 전설적인 마라톤 코치 아서 리디아드가 고안한 훈련법으로, 그는 자신의 한계를 이해하고 그 한계 내에서 트레이닝을 반복하면 누구든 한계를 뛰어넘을 수 있다고 했다. 또한 유산소 능력을 높이는 것은 모세혈관의 발달과 미토콘드리아 수를 효과적으로 증가시키는 근지구력 훈련이므로, '천천히 오래 달릴 것'을 주장했다. 지칠 줄 모르는 컨디션을 만드는 그의 훈련법은 다음과 같다.

제1규칙:
유산소의 범위 내에서 달린다. 다리로 지탱하는 시간을 늘리기 위함이므로 느리게 달리는 것이 좋으며, 1시간을 빠르게 달리기보다 2시간을 느리게 달리는 게 효과적이다.

제2규칙:
지속 시간을 우선한다. 2시간 20분을 달리는 것보다 변화를 주는 게 좋다.

제3규칙:
강약에 변화를 가한다. 매회 같은 시간을 달리는 것보다 변화를 주는 게 좋다. 1시간 15분씩 매주 4회를 달리는 것보다 30분, 1시간 30분, 45분, 2시간을 4회로 나누어 달리는 게 효과적이다.

즉, 리디아드 훈련법은 운동의 기초가 되는 유산소 능력을 발달시켜, 언제 어디서나 자유롭게 달리기 위한 훈련이다.

6
일 차
3. 3

달리기를 위한 몸 만들기

《월든》의 작가이자 위대한 산책가인 헨리 데이비드 소로는 산책에 대해 "말로 설명하기 곤란한 만족감이 내 몸 안에 깃든다. 피곤하면서 동시에 새롭게 태어난 느낌이다."라고 했다. 달리며 느끼는 힘듦의 정체는 '피곤함'이다. 그런데 피곤함에는 두 가지 종류가 있다. 그냥 쓰러질 듯한 피곤함과 힘들지만 묘한 성취감을 맛보면서 기분이 좋아지는 피곤함이다. 이중 달리기의 피곤함은 두 번째 유형의 피곤함일 것이다. 아직은 달리면서 극한 상황에서 느끼는 행복감과 평온함은 느껴보지 못했다. 그러나 달리고 난 뒤 샤워를 할 때의 기분이라면 충분히 느껴 봤다. 새롭게 태어나는 느낌이랄까. 물 한 바가지를 뒤집어썼을 때의 청량감, '삶이 이런 거야.'라는 느낌이 절로 드는 순간.

6일 차에는 새롭지는 않아도 어떠한 변화를 처음으로 느꼈다. 전날 잠을 푹 자고 쉬면서 달린 것, 종일 집에 있었던 것이 이유일 수 있겠다. 왜인지는 정확히 모르지만 일단 몸의 소리에 귀 기울여 보기로 했다. 밤중에 한두 번 깨는 건 일상이 되었고, 새벽 5시 전에는 자연스럽게 눈이 떠졌다. 어느새 몸이 시간에 맞춰지고 있나 보다. 언덕을 달릴 때 가로등 두세 개를 빠르게 지나쳤는데도 그리 힘들지 않았다. 호흡도 가쁘지 않다. 폐활량 하나는 타고났나 보다.

아침에 달리고 나면 라면을 먹고 싶다는 생각이 드는데 6일 차에는 그렇지 않았다. 몸이 만들어진다는 말은 몸을 만들기 위해 노력한다는 말도 포함하고 있는 걸까.

몸에 좋은 음식을 선택해 꼭꼭 씹어서 먹는 것, 내 몸에 좋은 양질의 영양소를 공급하는 것도 몸이 만들어지는 것이다. 몸이 만들어졌다고 해서 힘들지 않은 것이 아니라, 힘들고 피곤하지만 그 속에서 새로운 에너지를 얻어 내가 하는 일을 더 잘하게 만들어 주는 것, 내가 원하는 달리기를 충분히 달릴 수 있는 원동력을 만들어 주는 것이 몸이 만들어진다는 말일 것이다.

7
일차
3. 4

내 페이스로 달리기

드디어 일주일이 됐다. 전날은 졸거나 피곤한 기색 없이 처음으로 상쾌하게 하루를 보냈다. 사람들은 강의 스케줄이 줄줄이 취소된 내가 어떻게 지내는지 궁금해했다. 그래서 누군가가 근황을 물어보면 "구슬을 꿰고 있다."라고 했다. 구슬로 보배든 목걸이든 뭐라도 만들어야 구슬로써의 가치가 있다. 내가 경험하고 배운 지식으로 책을 엮는 것을 구슬을 꿰는 일로 생각했는데, 지금 보니 달리기도 한 알 한 알 구슬을 꿰는 일이었다.

내 페이스대로 달리면 숨이 더 가빠지는 구간이 있다. 언덕을 오를 때다. 그래서 언덕에서도 최대한 속도를 늦추지 않으려 했다. 힘이 들어가서 다리 근육이 땅기고 무릎도 아파 왔다. 그런데 신기하게도 짜릿한 기분이 들었다. 의지와 체력이 줄다리기하는 것 같았다. 의지가 체력을 밀어 올리며 앞으로 나아갈 때 에너지가 샘솟으며 성장한다는 느낌이 들었다. 이런 기분이 러너스 하이일까?

세 바퀴째 언덕을 내려가는데 마주 오던 아주머니 한 분이 엄지를 척 올려 주신다. 인정받는 기분. 묘했다. 스쳐지나가는 타인의 격려가 힘이 된다. 고비가 왔을 때 필요한 건 누군가의 응원이라는 걸 다시 한번 깨닫는다. 사람이 비타민이고 반창고이고 보약이다. 서로가 조건 없이 응원할 수 있을 때 삶이 풍요로워진다. 힘들어 주저앉고만 싶을 때, 오늘 하루는 건너뛰고 싶을 때 함께하는 사람이 있어 다시 나아가게 된다.

맞다. 사람이 재산이다. 사람이 희망이다. 사람이 미래다.

8

일차

3.5

시간을 지배하는 자

화상 회의가 있는 날이었다. 각자의 집에서 컴퓨터에 카메라를 연결해 회의를 했다. 공상과학 영화나 드라마를 보며, '저런 세상도 있구나.' 했는데 그걸 내가 하고 있었다. 어떻게 저런 일이 가능할까 싶었던 세상을 나도 살아간다. 10년이면 강산도 변한다는 말은 옛말이다. 이제는 자고 일어나면 새로운 세상이 열린다.

낮 동안의 피곤함도 어느덧 익숙해지고 있었다. 몸을 위해 휴식을 취하며, 조금이라도 낮잠을 자는 것이 좋다. 윈스터 처칠은 활력의 근원을 낮잠이라고 할 정도로 낮잠 애호가였다. 그는 1차 세계대전 당시, 독일에 대 공습을 당할 때도 낮잠을 잤다. 낮잠을 정신의 균형과 에너지 회복의 필수 요소로 여기고 삶의 여유로

칭송하며 일상의 규칙으로 삼았다.

코로나 시대를 보내며 자기 경영이 필요하다는 걸 절감한다. 보는 사람이 없다고 해서 시간을 마음대로 소비하는 게 아니라 나름의 규칙대로 시간을 사용해야 한다. 밤잠이 부족한 사람에게는 낮잠을 권한다. 짧은 낮잠이 보약보다 낫다고 한다. 낮잠은 15~20분, 가끔은 30분 정도. 일주일에 한 번은 긴 낮잠을 자는 게 좋다. 나는 새벽에 일찍 일어나기 때문에 짧게 낮잠을 잤다.

갱년기를 보내고 나면 점점 쉬는 시간, 아니 자유시간이 늘어난다. 누군가는 여가 시간의 대홍수 시기를 맞이한다고도 하는데, 이 시기를 알차기 보내려면 반드시 시간을 경영하는 능력, 시간을 활용하는 능력이 필요하다. 그래야 무료함과 지루함을 달랠 수 있다.

알람 소리에 눈을 뜨고 일어나는 것을 알아차리듯이 삶에도 알람이 필요하다. 사회생활을 하고 가족들의 식사를 챙길 때는 해야 할 일이 있으니 알람에 맞춰 움직이면 되었지만, 나이가 들면 그런 일이 없다. 나이 드는 것을 받아들인 다는 건 알람을 스스로 켜야 한다는 말이다. 더는 내 손을 필요로 하는 사람이 없기에 스스로 시간을 지배하는 사람이 되어야 한다.

9
일차
3.6

나도 달리는 사람이 되어 가고 있다

하루하루 새롭게 태어나는 느낌은 언제쯤 제대로 맛볼 수 있을까? 9일 차 아침은 몸이 더 무거워진 것 같았다. 오늘 달릴 수 있을까 걱정이었다. 그러나 역시나 기우였다. 첫발을 떼는 게 어렵지 몇 발 떼고 나면 몸이 알아서 움직인다. 그렇게 나는 달리는 사람이 되어 가고 있었다.

달리기를 마치고 책상에 앉았는데 뭔가 몸이 가뿐한 느낌이었다. 슬림해진 느낌이랄까. 무게가 100g 정도 가벼워진 것 같은데 (거의 변함이 없다는 말이다), 참 좋았다. 남편에게 "함께 달리는 선배는 1kg이 빠졌다는데 나는 하나도 안 빠졌어."라고 했더니 "겨우 10일 해 보고 어떻게 알아. 30일은 해 보고 얘기해. 일희일비하지 말고."라고 했다. 하여튼 기분 나쁘게 말하는 건 일가견이 있다.

10일이 목표였는데 어느새 목표는 30일로 바뀌어 있었다. 하고자 하는 일, 의미 있는 일이라면 더 하는 게 무슨 문제이겠는가. 봄이면 잡힐 줄 알았던 코로나19도 장기화 조짐을 보이고 있었다. 당분간 강의는 더 소원해질 것 같았다. 그렇다면 할 수 있는 일을 계속하자. 오래전 군에서 유격 훈련을 하던 때의 일이다. 점호시간에 중대장님이 들어와 오늘의 느낌을 말해 보라고 했다. 자발적으로 말한 건 아니고 시켜서 말한 것 같다. "죽고 싶었습니다." 푸르른 스무 살의 청춘의 입에서 터져 나온 말이다. 그만큼 힘들었다.

유격 훈련을 하면 금세 숨을 헐떡이며 누워서 죽기 좋은 장소를 찾기 십상이다. 그러나 나는 그 힘든 유격 훈련에서도 죽지 않고 살았다. 힘든 시간에도 전우애가 싹트고 희망의 꽃이 피었다. 달리기도 그랬다. 힘들어 죽을 것 같다가도 한고비 넘기면 끝까지 갈 수 있겠다는 희망이 생겼다. 응원해 주는 사람들 덕분에 힘이 났다. 그렇게 하루가 이틀이 되고 9일 차가 되었다. 아무것도 보이지 않고 아무것도 느껴지지 않았지만 서서히 새벽 달리기에 적응하고 달리는 사람이 되어 갔다. 이 말이 참 좋다. 그래서 한 번 더.

"나도 달리는 사람이 되어 가고 있다."

11
일차
3.8

사탕 한 알의 힘

리디아드 훈련법은 장거리 훈련을 강조한다. 좋은 습관을 만들기 위해서는 꾸준하게 하는 게 중요한데, 달리기도 마찬가지이다. 서서히 거리를 늘려서 달리다 보면 어느새 풀코스 완주가 가능해진다. 100일 달리기를 위해 특별한 훈련법을 익힌 건 아니지만, 10일을 달리고 보니 리디아드 훈련법이 제일 잘 맞았다. 그리고 마음먹었다. 이제 장거리를 달려 보자.

장거리 달리기는 한강이 좋다. 다리가 거리의 기준이 되어 주기 때문이다. 물론 여의도를 기점으로 한 거리 표시용 말뚝이 있었지만, 그보다는 강을 가로질러 시야에 잘 들어오는 다리가 거리 측정이 도움이 되었다. 한강의 다리는 일반적으로 2km마다 하나씩 있다. 조금 멀고 가까운 것도 있지만 대략 그렇다.

우리는 보통 광나루의 한강 공원에서 출발했다. 마음 같아서는 반포대교까지 달리고 싶었지만, 이날은 피로함을 느껴 하프로 줄이기로 했다. 장거리를 달린다는 부담감이 컸다.

준비 운동을 마치고 동호대교를 향해 출발했다. 출발하자마자 발이 무거웠다. 종아리는 터질 것 같고, 끝까지 갈 수 있을지 걱정이었다. 못하겠다고 말하면 정말 못할까 봐 묵묵히 달렸다. 조금이라도 힘을 비축하기 위함이기도 했다. 3km 정도까지는 몸이 땅으로 스며들 것처럼 힘들었는데, 달리다 보니 또 몸이 조금씩 풀렸다. 그리고 선배가 옆에 있어 힘도 났다. 적어도 중간에 멈추지는 않으리라.

동호대교에서 인증 사진을 남기고 턴했다. 그리고 가지고 갔던 청포도 사탕 한 알을 입에 물었다. 마라톤에 갓 입문하고 혼자 고구려 마라톤 대회에 출전했을 때의 일이다. 나는 탈의실에서 나처럼 혼자 출전한 사람과 친구가 되었다. 혼자라는 것과 마라톤이라는 공통분모가 금방 그를 친구로 맺어 주었다. 그는 풀코스를 몇 번 완주한 마라토너였는데, 아무 준비도 없이 온 나에게 사탕 한 알을 주며 앞으로 사탕을 가지고 다니라고 조언했다. 사탕을 입에 물면 수 km는 그냥 달릴 수 있다고 했다. 그날 이후 나는 장거리 달리기를 할 때는 꼭 사탕을 챙긴다.

사탕은 입안을 구르며 당분을 공급해 주었다. 갈증과 입이 바싹바싹 마르는 것도 완화해 준다. 힘들 때 입에 물면 달콤함이 뇌를 자극해 힘을 주는 것 같다. 동호대교에서 턴하며 물었던 사탕은 올림픽대교쯤에서 사라졌다. 사탕 한 알이 오래도 함께 달려 주었다. 물 한 모금 안 마시고 21km를 완주했다. 사탕이 없었다면 불가능한 일이었다.

사소한 것들이 인생을 아름답게 만들어 주는 법이다. 사소한 것의 위대함을 알아볼 때, 비로소 사소함은 삶의 등불이 된다.

12
일 차
3.9

내일을 준비하는 것도 오늘의 삶이다

춤춰라, 아무도 보고 있지 않은 것처럼
사랑하라, 한번도 상처받지 않은 것처럼
노래하라, 아무도 듣고 있지 않은 것처럼
일하라, 돈이 필요하지 않은 것처럼
살라, 오늘이 마지막 날인 것처럼

알프레드 디 수자

10일 달리기에 성공하고 장거리도 달려 보니 슬슬 여유가 생기고 꾀가 나기 시작했다. 아침에도 서두르지 않았다. 조금 늦으면 어떠하랴 하는 마음이 생겼다. 초심을 유지하는 건 쉽지 않다. '처음처럼'이라는 말에 열광하는 건 초심을 유지하는 게 쉽지 않기 때문일 것이다. 하프코스를 달렸다는 생각은 정신과 육체를 마비시켰다. 몸이 천근만근이었다. 3km를 달리면 몸이 풀릴 줄 알았는데 오히려 몸이 무거워졌다. 달리는 동안 멈출까 달릴까 고민하는 사이에 어린이 대공원을 세 바퀴 달렸다. 그리고 나는 8km에서 멈췄다. 더 달릴 수도 있었지만, 나에게는 내일이 있으니까.

오늘이 마지막인 것처럼 살아야 하지만 내일을 준비하는 것도 오늘의 삶이다. 한번뿐인 인생이기에 지금 이 순간을 즐겨야 하는 것도, 소소하지만 확실한 행복을 위해 사는 것도 모두 내일이 있다는 희망 아래 가능하다. 삶이 유한하기에 오늘과 내일이 더 의미 있는 것 아니겠는가. 선배에게 새벽 달리기를 시작한 뒤 몸이 늘 긴장 상태인 것 같다고 했더니, "그래도 몸이 버텨 주니까 매일 달리기가 가능한 겁니다."라고 했다. 힘들지만 매일을 버텨 주는 몸이 고맙다. 이제는 어느 정도 몸이 매일 달리기를 받아들이고 있는 것 같다.

동료들이 달리기를 마칠 때까지 스트레칭을 하며 주변을 살폈다. 바닥에 어린이가 뛰놀 수 있는 놀이판이 그려져 있었다. 노를 젓다 노를 놓치니 비로소 바다가 보인다더니, 달리기를 멈추니 그제야 세상에서 가장 큰 놀이터가 보였다. 모자 아래로 땀이 한 방울 뚝 떨어졌다. 땀이 잘 안 나는 체질이라 땀이 나는 사람을 부러워했는데 드디어 나도 땀이 났다. 달리고 난 뒤 흘리는 땀. 내 몸을 움직여 흘리는 땀만이 진실한 땀이다.

땀. 땀을 흘리자.

13
일차
3.10

비 오는 날에는 광진교 밑으로

비가 왔다. '비 오면 광진교 밑으로'라는 규칙이 생긴 후 나는 비가 와도 당연히 달리러 나갔다. 집에서 가깝다고 늦장을 부리다가 조금 늦었다. 약속 시간에 늦는 건 타인의 시간을 빼앗는 일이므로 철저히 지양하는데, 매일 하는 일이다 보니 벌써 느슨해지나 보다. 다시 운동화 끈을 조여야겠다.

비가 오니 시작도 전에 힘들었다. 날씨에 따라 기분과 컨디션이 좌우된다니, 인간은 얼마나 쉽게 환경에 지배 받는 동물인가. 그래도 첫발을 떼니 또 힘이 났다. 비가 내린다고 가만히 있으면 우울해지기 십상이다. 움직여야 새로운 기분이 든다.

사람들은 광진교 밑에서 어떻게 달리는지 궁금해했다. 본 사람도 있겠지만, 광진교 밑에는 교각 옆에 공간이 있어서 교각을 끼고 달리면 딱 좋다. 한 바퀴 돌면 330m 정도 되니, 세 바퀴를 돌면 약 1km이다. 달리는 위치가 표시된 지도를 본 후배는 "그림 그리기 싫어서 선만 죽죽 그어 놓은 것 같네."라고 했는데 그만큼 광진교 밑에는 옹골지게 선이 그어 있다. 나도 처음에는 비 오는 날 다리 밑을 달린다고는 생각하지 못했다. "미친 것도 아니고." 라는 말이 절로 나왔다. 그러나 비 오는 날에도 그 자리를 지키는 사람은 꼭 있다. 스트레칭을 하는 사람, 영어 회화를 들으며 걷는 사람, 뛰듯이 걷는 사람, 친구와 산책하는 사람, 부부처럼 보이는 사람… 가끔은 전날 먹은 술이 모자라는지 술타령하는 사람까지. 그리고 달리는 우리도 있다. 미쳐야 미친다는 말을 실감하는 장면이다.

13일을 달렸는데도 몸무게는 변함이 없었다. 500g 정도 빠졌던 건 원상태로 돌아가 내려갈 생각을 안 한다. 세상에서 가장 회복 탄력성이 좋은 것은 몸에 붙어 있는 살이다. 그 어떤 것도 살의 회복 탄력성을 당할 수가 없다. 이렇게 달리는데도, 살이 빠지지 않는 건 그만큼 섭취하는 양이 많기 때문이다. 원인 없는 결과는 없다. 그냥 나는 많이 먹는 사람이라고 해 두자.

광진교의 교각을 뱅뱅 도는 일만큼 지루한 것도 없다. 어린이대공원은 네 바퀴를 돌면 10km가 되지만 교각은 서른 바퀴는 돌아야 10km가 된다. 무료함을 견디고 견디며 달리다 보면 그래도 언젠가 알람이 울리고 10km라는 표시가 뜬다. 삶에도 분명히 무료함을 이겨 내는 시간이 필요하다. 마라톤에서 그 힘을 배운다.

14
일차
3.11

조지 쉬언처럼

조지 쉬언은 피로의 3요소를 '마음가짐의 결여, 젖산의 축적, 하기 싫은 마음'이라고 했다. 오늘 나의 피로의 원인은 무엇이었을까. 주차장에 도착할 때까지는 오늘도 거뜬하게 달려 보자고 마음먹었는데 실제로 달려 보니 마음먹은 대로 되지 않았다. 언덕을 올라갈 때는 누가 내 다리에 모래주머니를 달아 놓은 것 같았다. 그러나 막상 언덕을 오르니 빠르게 달리고 싶은 욕망이 생겼다. 이럴 때는 욕망에 충실히 따르는 것도 좋으리라. 힘들어 쓰러질 것 같아도 한발 한발 충실히 내디디다 보면 피니시 라인이 보일 것이다.

봄이 되자 어린이 대공원을 달리는 사람이 많아졌다. 한눈에 보아도 범상치 않은 여자가 나를 보더니 "새로운 얼굴이네. 파이

팅!"하고 앞서 달렸다. 역시 매일 달리는 사람은 뉴 페이스를 알아 보는 법인가 보다. 그리고 힘들다고 땅만 보며 달리던 나였는데, 주변 사람들이 보이는 걸 보니 나에게도 여유가 생겼나 보다. 범상치 않은 분은 족히 예순은 되어 보였는데, 건강하게 나이 들고 싶은 사람은 나뿐이 아닌가 보다 싶었다. 그리고 달리는 모양새가 멋있어서 따라 달려 보려는데 역시나 언덕에 이르기 전에 저 멀리 사라져 버렸다.

조지 쉬언은 말했다. "가장 잘 달릴 수 있는 길은 명확하다. 당신을 위해 속도를 유지해 줄 사람을 찾아라. 그다음에는 그 사람의 뒤에 서서 속도를 고정한 채, 다른 것은 생각하지 말고 달려라. 그러다 보면 모두 자신만의 마지막 승부처가 나올 것이다." 나도 언젠가 앞서가는 범상치 않은 저분을 따라 달려 볼 날이 오겠지. 오늘은 아니어도 언젠가 아마도. 그러기 위해 오늘은 충실히 한발 또 한발을 내딛자.

15
일 차
3.12

하면 는다, 비록 시간이 걸리더라도

기다리지 않아도 오고
기다림마저 잃었을 때에도 너는 온다.
어디 뻘밭 구석이거나
썩은 물웅덩이 같은 데를 기웃거리다가
한눈 좀 팔고, 싸움도 한판 하고,
지쳐 나자빠져 있다가
다급한 사연 듣고 달려간 바람이
흔들어 깨우면
눈 부비며 너는 더디게 온다.
더디게 더디게 마침내 올 것이 온다.
너를 보면 눈부셔

일어나 맞이할 수가 없다.
입을 열어 외치지만 소리는 굳어
나는 아무것도 미리 알릴 수가 없다.
가까스로 두 팔을 벌려 껴안아 보는
너, 먼 데서 이기고 돌아온 사람아.

이성부 〈봄〉

올 것은 기다리지 않아도 오고, 기다림 마저 잃었을 때에도 오고, 더디고 더디게 오지만 마침내 온다는 말이 위안이 됐다. 코로나19도 조만간 물러갈 것이다. 물론 서둘러 가면 좋겠다. 그리고 다시는 오지 않았으면.

달리기 15일 차. 10일은 한참 지났고, 30일의 목표도 절반을 이루었으니 앞으로 그냥 가 보는 걸로. 몸무게 아니면 다른 거라도 변한 게 있을 거라는 희망을 품고.

달릴 때 가장 부러운 사람은 무릎을 45도로 꺾으며 달리는 사람이다. 발을 질질 끌며, 땅에 발이 닿을락 말락 하게 달리는 나와는 차원이 다른 사람들이다. 언젠가는 나도 저렇게 달리는 날이 올 거라는 바람이 있었다. 그러다 이날은 객기처럼 한번 시도

해 보았다. 무릎을 45도로 꺾어 1km를 달렸다. 조금만 더, 조금만 더… 한 바퀴만 더 가 볼까 했는데 갑자기 하기 싫은 마음이 찾아왔다. 심장이 터질 듯 호흡이 가빠왔다. 이렇게 숨차게 달린 적이 있던가. 한계치까지 달리고 한발 더 내디뎌야 체력이 향상된다는데 나는 한계치에 도달하기도 전에 겁을 먹고 멈추어 버렸다. 같이 운동하는 동료가 "마지막은 아끼지 말고 모든 에너지를 써 버려."라고 했는데 그것도 잊어 버렸다.

힘들면 덜 힘든 것부터 찾고, 내일도 달려야 한다는 생각에 너무 몸을 아끼는 데만 집중한 것 같다. 그래도 다행인 건 느리고 더디더라도 체력이 늘고, 꾸준히 달리고 있다는 것이다. 분명히 나아지고 있었다.

16
일 차
3.13

생각과 현실은 다르지만

어린이 대공원 첫 바퀴를 돌 때 나는 사상가이며 시인이며 철학가다. 무한한 상상과 고독을 즐기는 자유인이다. 두 바퀴를 돌 때쯤이면 헐떡대며 세 바퀴를 돌까 네 바퀴를 돌까 고민하는 중생이다. 세 바퀴 첫 언덕을 올라가면 오늘도 네 바퀴는 돌 수 있을 것 같은 안도감이 생기며 무념무상으로 호흡에만 집중하는 러너가 된다.

조지 쉬언은 사회에 도움이 되는 인간이 되려면 누구나 고독과 침묵 속에서 자신을 깨달아야만 한다고 믿었다. 달리고 달릴수록 고독과 친숙해진다. "오후 달리기를 하다가 갑자기 나는 시간과 공간의 한계 그 너머까지 이르렀다. 그 순간 나는 별다른 힘을 들이는 일 없이 단호하고도 편안한 발걸음으로 영원을 향해 달려가는 이상적인 러너가 됐다. 10년간 거의 매일 달리고 보니 전에는 그런 게 있었던가 싶었던 의식의 차원, 존재의 차원을 경험하게 됐다." 이토록 러너에게 달리기란 관조와 명상의 한 방법이다. 조지 산타야나는 미식축구를 두고, "미식축구는 우리 내면을 깨끗하게 씻어내고 정화하고 비워내는 구원의 한 방법이다. 몸의 움직임이 마음과 조화를 이루는 시간이며 가슴을 통해 무엇이 선이고, 무엇이 진실인지, 무엇이 아름다움인지를 느끼게 한다."라고 말했다. 나는 달리면서 그것이 무엇인지 깨달았다. 아니, 달리기는 그 이상이라는 사실이 분명해졌다.

얼마를 달리면 명상의 경지에 도달할 수 있을까. "미워하는데도 사랑하는 것과 마찬가지의 관심과 시간과 힘을 쏟아야만 한다. 미워하게 되면 미워하는 사람이나 미워하는 명분이나 미워하는 국가를 향해 자신의 힘이 빠져나가게 된다. 미움과 분노와 복수심만큼 한 사람의 힘을 소진시키는 것도 없다. 감정적인 힘이 그 즉시 고갈되고 만다." 새벽에 읽었던 문장이 생각났다. 잠시 미움에 대한 생각이 스치듯 지나갔다. 딱 거기까지 생각하다 다시 헉헉대는 호흡 속으로 빨려 들어갔다. 달리고, 읽고, 사유하며 나도 조금씩 내가 되어가고 있다.

18
일 차
3.15

몸을 만든다는 건 영원히

조지 쉬언은 "원죄란 우리가 지닌 잠재력을 얻지 못하는 상태를 뜻한다."라고 말했다. 인간은 태어나 죽을 때까지 잠재능력의 97%를 발현해 보지도 못한 채 흙 속에 묻힌다고 한다. 그의 말을 빌자면, 살아 있는 동안 자기 잠재력을 발견하지 못하는 인간은 원죄를 안고 죽는 것이다. 또한 그는 달리기를 통해 군살 없는 완벽한 몸을 만들고 나면, 가면을 쓰거나 보호막을 두르지 않은 있는 그대로의 자신을 볼 수 있다고 했다. 그리고 삶에 해답이 있다면 그건 더 많이 사는 일이 아니라 달리고 또 달려 삶의 한계가 어디인지 직접 부딪쳐 본 뒤, 그 한계를 뛰어넘는 순간이며, 이는 자신 안에 갇힌 잠재된 가능성을 열어 주는 것이라고도 했다.

불확실한 삶 앞에 한발 내딛는 것을 머뭇거리는 동안, 당신은 쇠심줄 같은 질긴 죄책감에 속박된다. 의사였던 그가 44세의 나이에 가운을 벗고 직업적 달리기를 시작한 것은 원죄를 벗기 위해 삶을 정면으로 내던진 행위였다.

자신에게 죄책감을 느끼고 사는 인간이 무언가에 최선을 다할 수 있을까? 조지 쉬언에게 달리기는 단순히 건강이나 유희로서의 운동이 아니라, 삶을 관통하는 거룩한 통찰이자 철학이었다. 나는 그의 문장을 마주하며, 무엇 때문에 달리는가를 생각했다.

글쎄. 뭔가 그럴듯한 답이 딱 떠오르면 좋으련만, 생각은 머리로 하는 게 아니라, 몸으로 하는 거라잖은가. 뛰고 또 뛰다 보면 알게 되겠지. 어쩌다 시작한 달리기를 왜 지속하는가에 대해 생각할 때마다, '뭐, 그냥.' 정도로 적당히 둘러대고 말았는데, 이제는 조금 더 진중하게 고민해 봐야겠다. 그리고 인생에 철학적 물음이 생겼다는 것 자체가 어쩌면 나에게 찾아온 낯선 변화일지 모르겠다.

전날 추워서 입술까지 새파래져 가며 달렸던 여파는 종일 이어졌다. 꾸벅꾸벅 졸며 이마로 책상을 찧어 가며 일했다. 이럴 때는 비타민을 평상시의 두 배로 먹고 쌍화탕을 따뜻하게 데워 먹고 낮잠을 자는 것이 나름의 민간요법이다. 낮잠을 자고 나니 새벽에 일어날 수 있었다. 새벽 3시 전후로 몇 번 눈뜨기도 했지만, 다시 자면 된다. 일찍 일어나야 한다는 부담감 때문인지 갱년기 증상인지는 모르겠다. 그저 일찍 일어나야 한다는 부담감 때문이라 해석하고 싶다. '갱년기'라는 단어에 자꾸 나를 가두고 싶지 않다.

나름의 민간요법을 실행했는데도 오늘 새벽은 한쪽 코가 맹맹하다. 달릴 수 있을까 걱정스럽지만, 멈출 수는 없다. 걷더라도 나가자. 언젠가 몸이 만들어진다는 것을 기대하면서.

19
일 차
3.16

따라잡을 생각 말고 따라잡히지나 말자

“세상은 어제와 다름없었지만, 세상을 보는 내 프레임이 변한 것이다.”라고 최인철 교수는 말한다. 전날 13km를 달리고 난 뒤, 마장호수 출렁다리까지 다녀왔다. 세상에, 내가 출렁다리를 건너다니. 조금만 흔들려도 지레 겁을 먹던 내가, 양옆으로 휘청거리는 다리를 저벅저벅 걸어 나갔다. 같이 갔던 남편도 놀란다. “당신 이제 안 무서워하네?” 나도 놀랐는데 옆에 있는 사람이 놀라는 것도 예사가 아니다. 새벽 달리기를 하면서 뭔가 변화가 있긴 한가 보다. ‘사물을 바라보는 관점이 달라진 건가, 그런데 달리기가 무슨 상관이람.’ 어쨌든 그런 생각을 하며 집으로 돌아왔다.

인간은 세상을 있는 그대로 보는 것이 아니라, 보이는 대로 해

석한다. 등산하다가 산길에 버려진 밧줄을 발견했는데, 옆 사람이 화들짝 놀라면서 "뱀! 뱀!"이라고 한 적이 있다. 나에게는 밧줄로 보이는 것이 그녀에게는 뱀으로 보인 것만 봐도 현실은 '해석되는 것'이란 말에 수긍이 간다. 내가 없었다면 그녀는 허겁지겁 내려가서 뱀에게 물릴 뻔했다고 하지 않았을까. 그러면 주변 사람들도 그녀의 말을 믿고 큰일 날 뻔했다고 가슴을 쓸어내렸으리라.

이날은 달리기 시작하자마자 종아리에 모래가 차오르듯 무거워지고, 무릎에 통증이 느껴졌다. 5km를 달리면 몸이 풀릴 거라고 스스로 주문을 걸었다. 강의도 첫 5분이 중요하듯이 마라톤도 첫 5km가 가장 힘들다. 청중과 공감대를 형성하고 나면 이후 시간은 얼마든 상관없이 의도대로 끌어갈 수 있듯이, 달리기도 첫 5km만 잘 견디면 몸이 풀어져 끝까지 달릴 확률이 높아진다.

앞서 말했듯 '인생은 해석되는 것'이라는 말은, 우연히 발견한 밧줄이 뱀으로 보일 때만 적용되는 게 아니다. 어려움이 닥쳤을 때 '아. 힘들구나!' 하는 생각이 들었다면 재빨리 긍정적인 면을 바라보려 노력해야 한다. 5km만 달리면 몸이 풀리고 페이스를 찾을 수 있다고 주문을 건다면 누구든 목표한 거리를 달성할 수 있지만, 5km나 달렸는데 무거워서 못 달리겠다고 체념하는 순간, 달리지 못한다. 인생을 성공적으로 살아가는데 주관적인 해석이 중요한 이유이다.

10km를 돌 때까지 아무도 만나지 못했다. 그래도 어딘가에서 동료들이 달리고 있을 거라 생각하니 혼자 달려도 두렵지 않았다. 설령 아무도 나오지 않았더라도, 나만의 목표가 있으니 즐거웠다. 그래도 달리다가 혹시 동료가 앞서 달리고 있지 않을까 싶어 평소보다 빠르게 달려 보았다. 한번 따라잡아 보자. 그런데 도무지 사람이 보이지 않는다. 그러다가 따라잡을 생각 말고 따라잡히지나 말자고 생각했다. 그렇게 내 페이스대로 달려 완주했다.

20
일차
3.17

변화, 아무도 모르게

거금을 들여 금니를 본떴다. 너무 치아를 혹사해 이에 금이 갔다며 앞으로 잘 다루란다. 앞으로는 덜 먹으라는 신의 계시인가. 구강 마취가 강했는지 한 대 얻어맞은 것처럼 입안에 붓고 얼얼했다. 이런 상황에도 허기가 밀려와 밥을 뜨고 식탁에 앉는 나의 식성이란.

나이를 먹는 만큼 밥 양도 느는 것 같다. 저녁 먹고 후식으로 과일까지 챙겨 먹었는데도 배가 홀쭉하다. 다행히 먹어도 체중은 늘지 않는다. 새벽 달리기의 효과인 것 같다. 웬만해선 누워도 배가 들어가지 않았는데, 저녁을 먹고도 배가 들어간다. 기분 좋은 현상이다. 오늘 처음으로 체중에 변화가 생겼다. 새벽 달리기를 시작한 지 20일 차에 1kg이 빠진 것이다. 이제 아침마다 체중계 위에 올라가는 게 즐거울 것 같다. '고작 1kg?'이라고 생각할 수도 있지만, 먹고 싶은 걸 다 먹으면서도 빠졌으니 기초대사가 증가했다는 의미 있는 변화이다. 비록 눈에 보이지 않을 만큼 더딜지라도 말이다.

언덕을 달려 올라가는 건 쉽지 않다. 달리다 보면 숨이 턱까지 차오른다. 헉헉대며 마지막 한 걸음까지 쥐어짜듯 올랐고, 세 바퀴째 접어들어서는 그만 달릴까를 고민했다. 그래도 '천천히 달리더라도 끝까지 가 보자.'라는 생각으로 걷다시피 달렸다. 내려갈 때는 언제 그랬냐는 듯 발걸음이 가벼웠다. 오늘 달리기는 100km는 달린 것 같은 기분이다. 살 빠졌다는 말을 종종 듣는데 정말일까? 어쨌든 오늘 아침은 1kg이나 빠진 역사적인 날이었으니, 자축이라도 해야겠다.

22
일 차
3.19

그래도 어디선가는 훈풍이 불어온다

쉼은 뛰어오름을 전제로 한다. 움츠렸던 개구리가 도약하는 것처럼, 마디를 만들어 더 단단하게 자라는 대나무처럼. 나는 전날 몸을 아껴가며 쉬엄쉬엄 달렸다. 달리기 막판에는 걷기까지 했으며, 잠도 푹 자고, 아침에는 거뜬하게 일어났다. 그래서 오늘은 충만한 에너지로 생생하게 달릴 줄 알았다.

그러나 "열심히 살다 보니 쌓인다. 피로."라고 한 하상욱 시인의 시처럼, 달리다 보니 피로만 쌓였다. 매일 달리기는 근육의 피로도를 높인다. 나만 그런 게 아니었다. 함께 달리는 선배도 그랬다. 함께 달려 주는 이의 한마디가 구경꾼들의 백 마디 말보다 큰 힘이 된다. "피곤해도 달리자. 천천히. 멈추지 말고 10km를 달려 보자."

보는 것과 경험하는 것은 전혀 다른 차원의 일이다. 거리를 지나치는 모든 사람이 행복해 보일지 몰라도, 누구나 자기만의 고통을 안고 살아간다. 고통스러울 때는 이 고통을 이해하는 누군가의 한마디가 진정한 위로가 된다. 같은 아픔을 겪는 사람의 말이라면 그 힘이 세지는 것이다. 같은 고통을 느끼는 선배의 격려 덕분에 오늘도 10km를 무사히 달렸다.

선배와 음료수를 마시며 전날 5km에서 도중에 멈춘 사실을 이야기했다. 그러자 선배는 첫 울트라 마라톤에 출전해서 달리다가 포기했던 기억을 끄집어냈다. 거리 계산을 잘못하고 포기했던 그때, 한 달 정도는 시커먼 어둠 속에서 달리는 꿈을 꾸었다고 한다. 크든 작든 포기의 기억은 불편하다.

포기는 쉬우면서 어렵다. 최선을 다한 일에는 그간의 노력이 아까워서라도 쉽게 포기가 안 된다. 힘든 과정을 참고 이겨 낸 경험이 있는 사람이라면 그 성취감을 알기에 포기가 더 어렵다.

22일째가 되니 살짝 지치기 시작했다. 가시적인 변화가 있는 것도 아니고 체중의 변화도 크지 않았다. 1kg이 빠진 건, 전날 덜 달리고 많이 먹었더니 500g이 다시 늘었다. 달리는 속도도 전혀 빨라지지 않았다. 30일 달리고 하루 이틀 쉰 다음 다시 달리면 더 잘 달릴 수 있을 거라는데 정말 그랬으면 좋겠다. 이제 8일 남았다. 심기일전하자. 전날 일기예보에 봄바람이 태풍 수준일 거라고 했는데, 새벽의 어린이 대공원은 훈풍이 불었다. 겉옷을 벗어 허리에 묶고 달려도 될 정도로 온화한 공기가 공원을 채우고 있었다. 코로나19도 다가오는 봄을 막지는 못하나 보다.

달리다가 바라본 하늘 위에는 그믐달이 선명하게 걸려 있었다. 초승달을 보고 달리기를 시작했는데 달은 상현달에서 보름달, 하현달을 거쳐 다시 그믐달로 모양을 바꾸어 갔다. 이렇게 30일이 다 되어 간다. 이렇게 달리다 보면 내 인생에도 훈풍이 불겠지.

24
일차
3.21

오르락내리락

어느 날 선배의 한 달 계획표를 본 적이 있다. 계획표에는 그간 달린 기록들이 빼곡하게 적혀 있었는데, 전달과 전전달을 넘겨보며 깜짝 놀라고 말았다. 한 달에 200km는 기본이었고, 울트라 마라톤 대회에 나간 달은 300km가 훌쩍 넘었다. 사람 겉으로만 봐서는 모르는 거란 말을 실감했다. 선배가 이정도의 고수인지도 모르고 무작정 따라 했으니 오히려 내 몸이 버텨 준 것이 대견할 지경이다.

학습은 모방을 기본으로 한다. 본 것이 있으니 나도 따라 해봤다. 2월 27일부터 3월 21일까지 총 271.1km를 달렸다. 최고 기록이다. 내 생애 최장 기록을 보니 기분이 묘했다. 어린이 대공원 정문에 언덕을 오르는데 선배가 뒤에서 "오늘은 가벼운가 봐요."

라고 한마디 남기고 앞서 나간다. "그럴 리가요."라고 말은 했지만 어제보다는 확실히 가볍다. 기록을 보고 기분이 좋아서인지, 어제 많이 달렸다는 자부심 때문인지 모르겠지만 확실히 컨디션이 좋다. 날아갈 정도는 아니지만 발이 땅에 끌리지는 않는다. 발 중앙의 뼈가 땅에 닿는 느낌이 늘 통증을 수반했는데, 그마저도 사라진 것 같다.

1km를 7분대로 달리다가 조금 빨리 달려 보고 싶어 속도를 냈더니 6분대로 당겨졌다. 그러다가 다시 7분대다. 오르락내리락 기록을 내며 조금씩 나아가고 있다. 남들과는 비교할 수 없는 즐거움이다. 달리기를 시작하니 달리는 사람을 자주 만나게 된다. 젊지만 나보다 늦게 시작한 그들의 기록은 나보다 1~2분이 빠르다. 달리기를 시작하고 매일 어디 한두 군데가 늘 아팠다. 매번 자기 페이스로 달리라는 말을 듣지만, 일단 달리기 시작하면 상대가 의식되는 건 어쩔 수가 없었다. 그럴 때마다 '마이 페이스'를 되뇐다. 긴장을 풀고 달리는 그 자체에 집중하려 한다. 비교하기 시작하면 달리는 자체에서 오는 행복함이 떨어지기 때문이다.

달리기에서 비교의 대상은 언제나 어제의 자신이어야만 한다. 사람들이 마라톤에 빠지는 이유가 이 때문이 아닌가 한다. 우리가 인생을 슬기롭게 살아야 하는 이유와 다르지 않으니까. 과속도 안 되고 정체도 안 된다. 완주하려면 자기만의 속도로 멈추지 않고 달려가는 것만이 방법이다. 그러기 위해서는 타인이 아니라 오로지 과거의 자신과 경쟁해야 한다. 그것이 마라톤이고 그것이 인생이다. 그리고 멀리 가려면 함께 달려 줄 이가 꼭 필요하다는 것도.

가벼워진 발 덕분인지 달리다 보니 오늘은 11km를 달렸다.

25
일차
3.22

함께여서 좋은 달리기

예정대로라면 오늘은 동아 마라톤이 열렸어야 했다. 그러나 코로나19로 대회들이 줄줄이 취소 또는 연기되더니 마라토너들의 빅 이벤트인 동아 마라톤까지 취소되고 말았다. 생애 두 번째 풀코스에 도전하려던 계획이 무산되었지만, 그래도 매일 달리고 있으니 괜찮다고 위로해 본다.

"반포까지 갑시다." 대회는 열리지 않지만 대회 날이니 풀코스를 달리자고 제안했는데, 선배는 내 상태로 풀코스는 무리라고 생각했는지 거리를 조정해 주었다. 새벽 5시 광나루 제2주차장. 옷을 잘 챙겨 입었는데도 쌀랑했다. 같이 달리기로 한 후배가 먼저 나와 몸을 풀고 있었다. 선배와 나까지 셋은 가볍게 몸을 풀고 출발했다. 나는 사탕만 네 알을 챙겼다. 곳곳에 편의점과 아리수가 있으니 물은 준비하지 않아도 된다. 청담대교를 지나는데 등 뒤로 해가 떠올랐다. 사방이 불그스름하다. 이런 아침을 사진으로 담아 두고 싶은데 멈추면 다시 달리기 어려울까 봐 발을 멈추지 못했다. 그때 이런 내 맘을 안 건지 선배가 앞뒤로 달려가면서 사진을 찍어 주었다. 천천히 달려도 힘든데 앞뒤로 왔다 갔다 달리는 선배는 얼마나 힘들까? 보이는 것과 실제가 다르다는 걸 알면서도 힘들 때는 그냥 보이는 대로 믿어 버리고 싶다.

아침에 눈뜨면 '내가 왜 이걸 한다고 했을까, 멈추지 않고 반포대교까지 갈 수 있을까? 매일 달리는데 장거리를 꼭 달려야 하나? 일어나기 싫다, 나가기 싫다….' 누워서 오만 가지 생각을 한다. 그러나 이런 생각은 망상일 뿐이다. 목표를 향해 갈 땐 행동이 생각보다 빨라야 한다. 군에서는 이런 것을 즉각 반응이라고 한다. "생각은 내가 한다. 니들은 행동해라. 실시!" 순간 나도 모르게 벌떡 몸을 일으켰다. 군대 다녀오길 잘했다.

힘들고 멈추고 싶다는 마음도 들지만 발은 앞으로 간다. 이게 훈련의 효과인가? 자동 항법 장치를 단 것 같다. 코딩 값을 반포대교 왕복으로 입력하고 실행 버튼을 눌렀다. 1km에 7분 30초 주. 빠르지 않게 천천히. 아니 빨리 달리고 싶은 건 마음뿐이고 몸은 자동으로 안단테에 맞춰진 듯하다. 능력에 맞게 달리니 달릴 만하다. 이래서 페이스메이커가 필요하구나.

페이스메이커는 마라톤이나 수영 등의 스포츠 경기에서 선수의 기록을 단축하기 위해 전략적으로 투입된 선수를 말한다. 아마추어 마라톤에서는 목적지까지 일정한 페이스로 목표 시간 안에 골인할 수 있도록 돕는 사람을 말한다. 처음 출전했던 춘천 마라톤 풀코스를 완주할 수 있었던 건 페이스메이커를 자청해 준 친구 덕분이었다. 멀리 가려면 함께 가라는 말이 아니더라도, 누군가와 함께 달리는 건 즐겁다.

오늘 배운 한 가지. 마라톤은 다리로만 하는 운동이 아니라는 것. 마라톤은 허리 근육도 필요한 운동이다. 장거리 달리기로 허리에 통증이 느껴지는 걸 보니 알겠다. 허리 근육을 단련해야겠다. 고관절 통증도 아직 그대로다. 점점 좋아지겠지.

26
일차
3.23

달리다 보면 생기는 일들

드디어 마지막 주다. 며칠 뒤면 30일 목표를 달성하는 날이다. 피로가 극에 달했다. 빨리 목표한 날이 오면 좋겠다. 피곤할 땐 잠이 보약인데 너무 피곤하니 잠도 오지 않았다. 낮잠도 뒤척이며 잤다. 밤잠이라도 잘 자게 감기약을 먹어 볼까 하다가 약에 몸을 맡기는 게 내키지 않아 그냥 잤다. 눈을 뜨니 1시간밖에 안 지났다.

새벽 4시 50분. 침대 위에서 몸을 틀고 발을 돌리며 스트레칭을 했다. 일어나기 싫어 어떻게든 침대와 붙어 있으려고 스트레칭을 핑계 삼았다. 그래도 이불 밖으로 탈출 성공. 오늘도 자동 항법 장치를 달아야 한다.

주차장에는 차도 없고 달리는 사람도 없었다. 예전이라면 아무도 안 나왔나 하겠지만, 이제는 그럴 일이 없다는 걸 안다. 말하지 않아도 달리는 사람들. 달리다 보면 또 쌩 하니 지나갈 것이다. 몸은 무겁지만 발은 가볍다. 그래도 나는 또 멈춰 버리고 싶을 것이다. 멈춰야 할 핑계는 언제나 한가득이다. 마음속에서 요동치는 소리에 귀를 틀어막고 그냥 달렸다. 일단 달리기 시작하면 끝까지 간다는 원칙이 흔들리면 안 되니까.

달리다 보면 뒤에서 들리는 발소리에 민감해진다. 익숙한 발소리인지 새로운 발소리인지, 또는 곧 따라잡힐지. 따라잡힐 것 같은 위기감이 들면 발소리에 더욱 촉각을 곤두세운다. 뒤따르는 발소리에 돌아보니 마라톤 클럽의 강사님이었다. 끝나고 7시쯤 같이 음료수를 마시자고 한다. 약속까지 했으니 무조건 끝까지 달려야 한다. 원래는 두 바퀴 정도만 달리려고 했는데 계획이 틀어졌다.

뒤에서 또 발소리가 들린다. 이번에는 선배다. 시원시원하게 나를 추월해 간다. 그런데 언덕을 달려 내려가 보니 다시 선배가 보였다. 신발 끈을 매느라 잠시 멈춘 것 같다. 그런데 다가가 보니 다리를 만지고 있다. 선배도 아플 때가 있구나 싶었다. 평소 누가 아프다고 하면 달리지 않아서 그렇다고 했던 선배라 인조인간이라고 놀리기까지 했다. 두어 발짝 같이 걸으며, 선배의 고통을 빌

미로 천천히 달리려고 했는데, 선배는 먼저 달려가란다. 선배가 내 실행 버튼을 눌렀다. 나는 다시 달려 나갔다. 원칙대로.

한참을 달리다 돌아보니 아무도 없다. 그러다가 큰길로 나오니 아프다던 선배가 샛길로 나왔는지 앞서 달리고 있다. 달리다 보면 새로운 인연을 만나기도 한다. 그리고 절대 아플 것 같지 않은 철인이 무너지는 순간을 목격하기도 한다. 달리기가 인생을 닮은 이유다. 길 위에는 별의별 희로애락이 다 있다.

28
일차
3.25

나는 왜 달리는가?

그러다 내가 본 것은 서울시청 광장에서 노숙하며 태극기 농성을 하는 분들의 인터뷰였다. 세상의 모든 언론에 저주를 퍼붓고 심지어 계엄령의 필요성까지 역설할 때 그들의 어조는 분명 분노에 차 있었지만, 그 순간 그들에게서 내가 감지한 정서는 어떤 벅찬 충만감이었다. 그것은 아주 오랜만에 '살맛나는' 시간을 보내는 중인, 삶의 입맛을 되찾은 이의 에너지였다. 애초부터 진실 따위는 중요하지 않았던 것인지도 모른다. 나는 그들이 대통령을 '호위'하고 있다기보다는 오히려 '이용'하고 있다고 느꼈다. 나쁜 뜻으로 하는 말이 아니다. 누구나 무엇을 이용한다. 공허한 삶을 '의미'로 채우기 위해서는 이용할 무엇이 필요하다. 나에게 할 일이 있다는 것, 그 일을 할 때 나는 중요한 사람이 된다는 것, 그러므로 나는 여전히 살 가치가 있다는 것. 그런 느낌이 우리를 사로잡을 때 삶은 얼마나 충만해지는가. 그런 의미에서 어쩌면 태극기 집회는 정치적 저항이라기보다 존재론적 축제일지도 모른다.

신형철 《슬픔을 공부하는 슬픔》

새벽에 읽은 글이다. 나도 달리기를 통해 삶에서 어떤 의미를 붙들고 싶은 건 아닐까 생각했다. 시나브로 찾아온 갱년기와 갑자기 주어진 주체하지 못할 정도의 시간 속에서 내가 선택할 수 있었던 가장 쉽고, 의미를 부여할 수 있고, 가치를 가늠해 볼 수 있는 것이 달리기였다. 나는 그래서 달리는 걸까? 이제 이틀 후면 좋은 습관 만들기를 위한 매일 달리기가 끝나는 날이다. 열심히 달리는 것 하나만으로도 살아갈 가치를 만들었다. 그리고 나는 내가 만든 가치를 지속해야 할 의무가 있다.

요즘 달리기를 하는 젊은 사람들은 양말을 바지 위에 올려 신는다. 유행인가 보다. 예뻐 보여서 나도 따라 해 보았다. 그러나 어색해서 다시 슬쩍 양말을 바지 속으로 넣었다. 그러다가 또 '뭐가 부끄러워!'라는 마음의 소리에 다시 양말을 올려 신었다. 아무도 신경 쓰지 않는데 이런 생각을 하는 내가 우스웠다. 작은 변화 하나에도 낯섦을 견디지 못하고 되돌리려는 관성이 강하게 작용한 순간, 인간은 작아진다. 그리고 이런 작아진 인간을 만드는 건 결국 자기 자신이다. 타인의 시선이라는 감옥에 갇혀 다수가 원하는 대로 맞춰 사느라 정작 자신의 의지가 시들어가는 걸 모르는 걸까. 양말 하나 올려 신는 게 뭐 그리 대수라고.

무리 속에서만 존재감을 발하려는 사람은 처량하고 희미하다. 개인의 이름 석 자는 보이지도 않고 태극기라는 대명사만 존재한다고 할까. 오늘 아침 나는 '존재의 의미'에 대해 생각하며 달렸다. 결론은 바지 위로 양말을 올려 신는 순간이 나의 존재감이 빛난 때라고 생각한다. 무리로 숨어들지 않고 내가 생각하는 대로 용기를 낸 순간, 온전한 내가 된다.

재밌는 건 양말을 올려 신어도 아무도 모른다는 것이다. 세상은 생각보다 당신에게 관심이 없으니, 안심하라. 그러니 과감하게 행동하라.

30
일차
3.27

드디어 30일

드디어 마지막 날이다. 새벽에 비가 오다 말기를 반복했다. 올해는 비가 참 많이도 내린다. 그러면 광진교 밑으로 가자. 좋은 습관 만들기의 마지막 날은 교각을 도는 걸로 마쳤다. 달리면서 타이머를 한번 만졌는데 잘못 눌러서 랩 타임을 올렸나 보다. 달리다가 얼핏 보니 랩이 10이다. 놀라서 멈추어 확인해 보니 8.62km다. 예전 같으면 10km를 채우는 데 급급했을 터인데 오늘은 달린 것으로 만족했다. 그것도 마지막 3km는 6분대 초반으로 달리다가 마지막은 6분으로 달렸다. 대박! 언빌리버블 한 사건이다. 매일 30일을 달린 효과가 이렇게 나타났다.

30일간 피로는 쌓이고 풀리고를 반복하고, 긍정과 부정이 오가고, 의미와 무의미가 오갔다. 그러다가 껍데기는 가고 달리기와 나라는 알맹이만 남았다. 천천히 달릴 때는 그리 잡생각이 들더니, 빨리 달리니 아무 생각을 할 수가 없었다. 무라카미 하루키는 한 달에 300km 이상을 달리면 성실히 달린 거라고 했다. 나는 한 달에 349.2km를 달렸으니 성실했다. 아침 달리기로 하루 중 무언가를 했다는 자부심이 생겼고 그것을 통해 하루를 의미 있게 살았다는 생각이 들었다. 그러므로 나는 살아갈 이유가 생긴 것이다.

30일을 달리니 체중이 정확히 1kg 줄었다. 그리고 일찍 자고 일찍 일어나는 습관이 자리를 잡아 가니 좋다. 새벽 달리기 덕분에 아침형 인간으로 거듭났다. 눈에 보이지는 않지만 느낄 수 있는 몸과 마음의 변화들. 그리고 나는 알 수 있다. 나는 분명히 어제보다 나은 사람이 되어 가고 있다.

31
일차
3.28

30일 기념식이 아니라 100일 출정식

"끝나고 삼겹살에 소주 한잔합시다." 30일 달리기 축하를 빌미로 단합 대회를 하기로 했다. 그런데 아침부터 삼겹살에 소주를 파는 곳이 있을까? 안되는 게 없는 세상이다. 검색해서 24시간 영업하는 곳을 찾아냈다. 생각의 한계가 자신의 한계다. 없다고, 안된다고 단정 짓지 말고 일단 한번 도전해 보고 찾아볼 일이다. 세상 어딘가에는 내가 생각하고 상상하지 못한 일들을 해내는 사람들이 있다. 처음 새로운 것을 만나면 낯설다는 이유로 "그게 가능해? 못해. 어려워."라고 단정 짓게 되지만 한두 번 반복하다 보면 익숙해지고 새로움은 어느덧 일상이 되는 순간을 만난다.

나에게는 달리기도 낯설었다. 처음 마라톤용 쫄바지를 입고는 한참을 현관 앞을 서성였다. 겨우 용기를 내고 문을 연 순간, 사람들이 나만 쳐다보는 것 같아서 어찌나 창피하던지. 보는 사람도 없는데 혼자서 남의 시선을 느끼며 계속 머뭇거렸다. 그리고 30일이 지난 지금, 쫄바지는 아무렇지도 않게 입는다. 많은 게 익숙해졌다. 물론 달리는 것만큼은 쉽지 않다. 날아갈 듯 가볍게 달리고 싶은 건 마음뿐이었다. 30일이 지나도 달리는 건 여전히 힘들다.

아침에 먹는 삼겹살에 소주는 맛있었다. 다들 처음 해 보는 일이라며 즐거워했다. 모두 술보다는 삼겹살에 집중했다. 그리고 분명히 30일 축하 파티였는데, 케이크를 준비한 선배는 100이라고 쓰여 있는 초를 준비했다. 참 말도 없이 주도면밀한 사람이다. 누군가가 100이라고 써진 초를 보더니 "100일 가자!"를 외쳤다. 내가 달리면 자기도 나와서 달리겠다고 장단을 맞춘다. 내 의사와는 상관없이 100일 출정식이 끝나 있었고, 선배는 "덕분에 저도 끼어 달려 보겠습니다."라며 쐐기를 박았다. 앞으로 이런 식으로 협상하면 되겠다. 딴소리 못 하게 미리 물밑 작업을 해 놓고 밀어붙이기. 그렇게 나는 별다른 말도 못 하고 다시 100일 달리기를 시작했다.

36
일차
4.2

러너스 블루

"나는 걷기 위해 이 레이스에 참가한 것이 아니다. 달리기 위해 참가한 것이다. 그 때문에 -그 목적 하나를 위해- 비행기를 타고 일부러 일본의 북녘 끝까지 날아온 것이다. 아무리 달리는 스피드가 떨어졌다 해도 걸을 수는 없다. 그것이 규칙이다. 만약 자신이 정한 규칙을 한 번이라도 깨트린다면 앞으로도 다시 규칙을 깨게 될 것이고 그렇게 되면 이 레이스를 완주하는 것은 아마도 어렵게 될 것이다." 하루키의 말이다. 하루키는 1996년 6월 23일 히로시마 100km 울트라 마라톤에 참가했다. 그의 기록은 11시간 42분이었다. 그리고 그는 러너스 블루에 빠졌다.

"그저 단순하게 달린다는 의욕이 줄어들었다는 것만이 아니다. 뭔가를 상실했다는 것과 동시에 새로운 뭔가가 러너로서의 내 안에 생겨난 것이다. 그리고 아마도 그와 같은 마음속에 들어오고 나가고 하는 프로세스가 나에게 이 익숙하지 않은 러너스 블루를 불러들이게 된 것이다. 나는 흥미의 중심을 마라톤 풀코스에서 트라이애슬론에 대한 도전으로 옮겨, 다시 체육관에 다니며 열심히 스쿼시를 하게 되었다. 그 결과 생활방식도 조금씩 변화해 갔다. 달리는 것만이 인생은 아니라고 생각하게 되었다(그것은 당연한 것이라면 당연한 것이지만), 결국 반은 의식적으로 달리는 것과의 사이에 어느 정도 거리를 두게 된 것이다. 초기에 억지가 심한 열정을 쏟다가 식어버린 연애를 대하는 것처럼" 그러고는 하루키는 어느 날 러너스 블루에서 벗어났다. 러너스 블루에 빠질 때도, 러너스 블루에서 벗어날 때도 이유는 없다. 그는 이런 현상을 세금이나 조수의 간만, 존 레논의 죽음과 월드컵 오심과 같은, 이유도 모른 채 받아들일 수밖에 없는 인생 같은 것이라고 말했다.

나도 그 마음을 조금은 알 것 같았다. 아직은 달리기와의 거리를 좁히기 위해 의식적으로 노력하고 있지만, 달리기는 이유 없이 좋기도 하고 싫어지기도 한다. 그러니 힘들어도 매일 아침 달리러 나간다. 이유가 없다. 단지 달리는 것에 이유를 붙이려고 노력하고 있을 뿐.

전날 술을 많이 마신 것도 아닌데 아침에 되니 어지럽다. 맑은 정신이 그립다. 알코올이 운동에 도움이 안 된다는 것을 알면서도 달리는 사람들과의 끈끈한 정에는 알코올이 필요하다는 걸 알기에, 나는 어쩌다 한 번씩 밤 문화를 즐겼다.

걷다가 달리기를 반복했다. '적어도 나는 걷지 않았다.'라고 쓰고 싶지만 몇 걸음은 걸었으니 그리 말할 수도 없다. 걷기는 했어도 멈추지는 않았다는 것에 위안을 얻으며, 연애 초기의 열정을 달리기에 쏟아부어 본다.

42
일 차
4.8

땡땡이, 쉽고도 어려운

42일 차가 되니 꾀가 날개를 달았다. 피로가 누적된 것도 원인이리라. 일어나기 싫었다. 전날 목욕으로 충분히 피로를 풀었는데 마음은 그렇지 않은가 보다. 새벽 4시가 안 되어 눈을 떴다. 일어나서 책이라도 읽을까 싶지만 몸이 말을 안 듣는다. 눈을 감았다가 뜨니 4시 45분. 1분만 더. 더. 그러다가 5시가 넘어서야 일어났다. 이런 날은 위로가 필요하다. 달콤한 커피믹스를 뜨겁게 타서 들고 나갔다.

신호에 걸리면 걸리는 대로 서두르지 않았다. 천호대교를 지나는데 제 몫의 일을 하고 있는 슈퍼 문과 눈이 맞았다. 지난달에 봤던 그 달이다. 이제 서서히 기울기 시작할 것이다. 저 달이 그믐

달이 될 때쯤, 내 몸도 달처럼 말라 있으면 좋겠다. 슈퍼 문은 달리기 싫은 내 마음에 불을 지폈다. 일제히 꽃봉오리를 맺은 철쭉이 진분홍빛을 내뿜고, 공기에는 라일락 향이 가득했다. 마음이 선로를 이탈하는 소리가 들리고 갖가지 사물이 장단에 맞춰 나를 유혹했다. 그때 지나가는 할머니가 말씀하셨다. 참 예쁜 계절이라고. 그 말에 마음이 모닥불 앞의 마시멜로처럼 녹아내렸다. 가던 걸음을 멈췄다. '땡땡이칠까?' 지금이 딱이다. 시간과 공간의 운이 완벽하게 맞아떨어진 순간에 내가 있었다. 매일 달리던 길이 아닌 오솔길로 돌아섰다. 걷고 싶었던 그 길로 달려갔다. 그리고 그 풍경들을 사진에 담았다.

새벽 달리기에 지칠 즈음, 나는 자발적 땡땡이로 11km를 충실히 채웠다. 같은 길, 같은 속도가 아니었기에 이날의 달리기는 신선함으로 가득했다. 그거면 된 거다. 행복했으니까.

달리고 변화한 것들

매일 달리는 게 가능할까? 그냥 새벽에 일어나는 좋은 습관 하나 만들기 위해 시작한 일인데 벌써 45일 차이다. 한 달간 달린 거리가 100km도 안 되던 나인데 3월 한 달간 300km를 넘겼다. 이번 달도 충실히 달렸다. 매일 10km를 달리면 어떤 현상이 일어나는지 몸소 겪은 바로는 몸무게가 1kg 정도 빠지고, 몸이 가벼워졌다. 물론 사람들이 보는 것에 비해 몸무게의 변화는 미미하다. 그리고 처음 10일 달리기를 할 때는 일상생활이 불가능할 정도로 피곤했는데 지금은 그렇지 않다. 매일 45일을 달리고 난 뒤의 긍정적인 변화는 다음과 같다.

1. 몸무게가 1kg 빠졌다.
2. 눈이 뭐가 낀 것처럼 뻑뻑했던 증상이 사라졌다.
3. 배변 활동이 잘 되고 있다(물론 유산균의 도움도 받았다).
4. 몸무게 변화는 미미하지만 몸이 가벼워지고 균형이 잡혀 간다.
5. 처음에는 땅이 다리를 잡아끄는 것 같았는데 이제는 언덕도 수월하게 올라가게 되었다.
6. 달리기 싫어도, 피곤해도, 술을 마셔도 10km 정도는 거뜬히 달릴 수 있게 되었다.
7. 달리고 나서도 온전한 일상생활이 가능해졌다(처음에는 종일 졸렸다).
8. 알람 없이도 5시 전에 일어난다.

부정적인 변화도 있다.

1. 종아리에 알이 생겼다.
2. 자주 피곤하다.
3. 아직도 고관절이 아프다.
4. 왼쪽 발등이 조금 아프다.
5. 배가 자주 고프다.

30일을 달리고 나서 식단 조절을 해 볼까도 생각해 봤는데 아직은 시도하지 못하고 있다. 식사량을 줄이면 쓰러질 것만 같다. 그래서 그런지 몸의 변화가 느리다. 개인적인 변화 말고 다른 이들의 매일 달리기 효과를 인터넷으로 찾아보았다.

1. 미토콘드리아 생성이 활발해져 뇌 기능이 향상된다.
2. 산소포화도가 올라가 순환계통의 기능이 증진한다.
3. 양성 세포 발달을 촉진하고 악성 세포 생성을 예방해 암 예방과 치료에 효과가 있다.
4. 관절이 강화되며 염증 수치가 줄어든다.
5. 뼈의 미네랄 밀도를 높여 골다공증을 예방할 수 있다.
6. 열량을 소비하게 해 체중이 감소한다.
7. 활동 에너지가 증가해 피로도가 낮아진다.
8. 노폐물 배출로 피부 건강이 촉진된다.

46
일차
4.12

동작대교까지 LSD

새벽 4시 35분부터 혼자서 줄기차게 달렸다. LSD(장거리를 천천히 달리기) 훈련을 할 때는 한강의 다리를 기점으로 거리를 가늠하는데, 반포대교는 28km, 한남대교는 32km이다. 그런데 막상 다리까지 달렸는데도 거리가 모자랐다. 알고 보니 다리를 지나쳐 파란 말뚝까지 가서 턴해야 한단다. 동작대교까지 왔으니 대충 32km로 인정해 주면 좋으련만 선배에게는 어림도 없다. 나는 더 달렸다. 그런데 동작대교를 지나도 파란 말뚝이 보이지 않았다. 더 가서 보니 조팝나무 뒤에 숨어 있는 말뚝이 보인다. 역시, 자세히 봐야 보인다.

뛰다 보면 길 위에서 적지 않은 인연을 만나게 된다. 오늘은 마라톤 클럽에서 함께 훈련하는 동기를 만났다. 그녀는 나와 나이도 같고 여군 출신이라는 공통점이 있는 친구이다. 입대는 내가 빠르지만 마라톤에서는 그 친구가 선배다. 우리는 반포대교 못 미친 지점에서 만나 함께 달렸다. 그녀는 반환점에서 뭐라도 먹어야 달린다며 떡과 주먹밥을 입 속으로 밀어 넣어 주었다. 묵묵히 달리는 걸 보니 여군이 맞긴 맞구나 싶다. 우리는 어느 순간 말이 없어졌다. 그녀도 나도 더는 말할 힘이 남아 있지 않았다. 탄천부터는 나에게 먼저 가라고 한다. 남겨 두고 오기에는 발이 안 떨어졌지만 이럴 때는 말을 들어 주는 게 미덕이다. 지금이 20대 청춘이고 유격 훈련장이었으면 들쳐업고라도 끝까지 달렸겠지만, 우리는 50세가 넘었고 지금은 자율 훈련이니까.

다시 만남의 광장이다. 정리 운동을 하는데 몸을 움직일 때마다 비명이 터져 나온다. 사람들이 묻는다. 경기도 없는데 왜 그렇게 오래 달리느냐고. 글쎄 왜 달리는 걸까? 경기도 없는데. 동작대교를 돌아올 때까지는 풀코스도 달릴 수 있겠다 싶었는데 사실 한남대교를 지나면서부터 한발 뗄 때마다 하체의 뼈마디가 비명을 지르는 것 같았다. 올림픽대교쯤에서는 입에서도 소리가 튀어나왔다. 힘들면 그만두면 될 것을 왜 하는 걸까. 그런데 묘하다. 달리고 나면 또 할 수 있을 것 같다.

53
일 차
4.19

달리다 보면 그런 날도 있다

아주 긴 잠을 잤다. 어디가 아픈 것도 아닌데 몸을 움직일 수가 없었다. 팽팽한 끈이 탁 끊어져 버린 느낌이다. 중력을 거슬러 몸을 일으켜 세울 수 없을 것 같은 날. 어제가 그랬다. 운동을 마치고 집에서 줌으로 독서 모임에 참여한 뒤 잠깐 누웠는데 그대로 잠들어 버렸다. 그러고는 도저히 몸이 움직여지지 않는다. 맵고 자극적인 걸 먹으면 나아질까 하여 볶음면을 끓였다. 맵지 않다. 배 속을 채우니 눕고 싶은 마음이 간절해졌다. 이왕 잘 거 푹 자고 싶어 열도 없는데 감기약을 먹었다. 그렇게 몽롱하게 밤을 맞이했다.

저녁을 준비해야 하는데 말할 기운도 없어 아들에게 메시지를 보냈다. "뭐라도 시켜 먹자." 치킨을 먹겠단다. 아들이 주문하겠다니 이렇게 고마울 수가. 또다시 잠이 들었다. 초인종 소리가 들리고 치킨이 왔다. 아들이 치킨을 먹을 거냐고 묻는다. 물어봐 주니 좋다. 아들과 밥상머리에 앉아 있는 건 필요한 일이다. 아들이 닭다리를 권하며 후회하지 말고 먹으란다. 닭 다리는 왜 두 개밖에 없냐고 투덜거리면서 늘 남편과 아들만 챙겼는데, 오늘은 그냥 받아먹었다.

동료들에게 못 나갈 수도 있다고 메시지를 보내고 잠들었는데, 아침에 일어나니 정신이 맑아 책을 읽기 시작했다. 오늘까지 읽어야 할 책이다. 데드라인은 목표 설정에 꼭 필요하다. 집중도 잘되고 내용이 쏙쏙 들어온다. 20km를 달리기 위해 조금 일찍 나갔다. 가다가 멈추더라도 일단 달리자. 달리고 보니 20km가 조금 안 되었다. 광진교 옆에 있는 인라인스케이트장을 한 바퀴 돌아 20km를 채웠다. 시작할 땐 도저히 움직일 수 없을 것 같지만 해 보면 또 하게 되는 달리기. 그러니 생각만 하지 말고 몸을 움직이자.

57
일차
4.23

두 번 다시 없을 기회

“우리 삶에 두 번 다시 없을 기회입니다. 100일까지 긴장의 끈을 놓지 마세요. 같이 달려 드릴 때 열심히 하세요. 나중은 없어요. 다음에는 후배 데리고 달리세요.” 어지럽다고 했더니 선배가 한 말이다. 맞는 말인데 왠지 기분 나쁘다는, 대한민국 아줌마들의 딱 그 톤으로 말이다. 칭찬보다는 다음을 위해 긴장을 늦추지 말라는 말을 하는 걸 보니 울트라 마라톤 그랜드 슬램을 달성한 사람답다.

우리 삶에 두 번 다시 없을 기회.

그렇다. 다음에 해도 된다지만 다음이 있을지 없을지는 아무도 모른다. 그러니 할 수 있을 때 하자. 같이 달리자고 해 줄 때 열심히 따라가자. 긴장의 끈을 놓으면 안 된다.

아침에 달렸는데 저녁에 또 달리자고 메시지가 오갔다. "까짓것 한번 해 보자."라는 마음으로 오케이를 외쳤는데 어찌 된 일인지 저녁 시간이 올수록 몸에 힘이 빠지고 어지러웠다. 저녁에 나가려고 가족들에게 저녁밥을 차려 주고 잠시 누웠는데 일어나지를 못하겠다. 혹시나 길이 엇갈릴까 봐 사람들에게 전화해 오늘 저녁에는 못 나간다고 했다. 그런데 저녁 달리기를 하고 삼겹살을 먹기로 했다며 늦게라도 나오란다. 하지만 나는 점점 피곤이 몰려와 안 되겠다고 말한 뒤 침대에 누워 로맹 가리의 《자기 앞의 생》을 읽었다. 전화가 다시 울린다. 나오란다. 안 나오면 집으로 오겠단다. 결국, 나는 삼겹살집으로 향했다. 얼마 전부터 삼겹살이 먹고 싶다고 노래를 부르던 명원이, 아침에도 삼겹살을 먹는다는 명화, 저녁에는 먹으면 안 된다는 미숙이, 무슨 소리냐며 고기를 먹어 줘야 잘 달린다는 선배가 차례차례 도착했다. 콩나물과 김치와 고기가 불판에서 익어 간다. 고기를 다 먹고 밥까지 살뜰하게 비벼 먹고 헤어졌다. 든든해진 속 덕분인지 모처럼 새벽 알람을 듣고 일어났다.

새벽바람이 차다. 옷을 잘 챙겨 입고 나왔는데도 찬 기운을 이기지 못한다. 봄은 왔는데 새벽의 봄은 멀기만 하다. 다리가 안 나간다. 두 바퀴만 돌까? 일단 달려 보자. 7분이 조금 넘는 시간이다. 아주 천천히 달린 것 같은데 평소보다 1km에 40~50초 정도 늦었다. 두 바퀴를 돌고 나니 한 바퀴는 더 돌 수 있을 것 같았다. 세 바퀴를 돌고 나니 네 바퀴는 채우자는 마음이 생겼고, 네 바퀴를 돌고 나니 11km를 채우자는 생각이 들었다. 우리의 뇌는 늘 무언가를 채워 가려고 한다더니 달리기도 다르지 않은 것 같다. 그래, 내 삶에 매일 달리기는 두 번 다시 없을지도 모르니, 달릴 수 있을 때 최선을 다해 달리자.

59
일차
4.25

더치페이

긴장을 늦추지 말라는 말에 자동으로 몸이 일으켜졌다. 주말이고 다들 늦게 온다고 하여 나도 늦장을 부리다 주차장에 도착한 시간이 5시 40분이다. 엄청 늦장을 부렸다고 생각했는데 10분밖에 안 늦었다. 생체 시계가 나도 모르게 5시 반에 맞춰졌나 보다. 무릎이 아파서 천천히 달렸다. 그러다가 언덕을 올라가는데 갑자기 몸이 멈췄다. 조금 걸었다. 생각하기 전에 몸이 멈추다니. 처음이었다. 천천히라도 달리자 싶어 새로운 길을 도는데 명원이와 선배가 보였다.

주말에는 함께 운동하는 사람들과 밥을 먹는다. 밥은 돌아가면서 한 명씩 사거나 더치페이를 했는데, 오늘은 더치페이이다. 선배는 그럴 수 없다지만 우리는 더치페이 문화에도 익숙해져야 한다고, 오래 만나려면 그래야 한다고 우겼다. 단, 좋은 날 기분 좋게 한턱 내는 건 감사히 받는 걸로 결론을 냈다. 밥값은 더치페이하고 커피는 선배에게 얻어 마셨다.

오래전 청계산에 갔을 때의 일이다. 젊은 부부와 동행했는데 정상에서 반바지 차림에 청계산 날다람쥐를 자청하는 70세 어르신께서 자연스럽게 말을 걸었다. 그리고 옆에 있던 모르는 남자 두 명도 이야기에 합류했다. 도란도란 이야기를 나누는데 어르신이 자신만 아는 아지트가 있다며 함께 가자고 했다. 그곳에 가니 풍광이 굉장히 좋았다. 아지트를 구경하고 나자 이번에는 내려가서 함께 밥을 먹자고 한다. 단, 더치페이로. 본인이 사도 되지만 요즘 젊은 사람들은 일방적으로 돈 내는 거 싫어한다며 제안한 말이다. 우리는 모두 콜을 외쳤다. 나이가 들면 어린 사람에게 더치페이를 제안하기도 쉽지 않을 거라는 생각이 들었다. 아직도 우리 세대는 연장자가 밥을 사야 한다는 생각이 뿌리 깊게 박혀 있기 때문이다. 그런데 먼저 더치페이를 제안하는 어르신의 삶이 멋져 보였다. 나도 그럴 수 있을까? 돈이 많고 적고를 떠나 젊은 세대와 교류할 수 있는 용기, 함께 밥을 먹자고 말할 수 있는 용기가 있어야 할 것 같은데 말이다. 지금부터라도 연습해 봐야겠다. 더치페이하자고.

60
일 차
4.26

값어치

매일 달리기 60일 차. 오늘은 36km. LSD를 하는 날이다. 새벽 4시에 광나루 제2주차장에서 만나기로 했는데 3시 37분에 눈이 떠졌다. 그 짧은 시간 안에 나는 왼쪽 무릎에 테이핑을 하고 바나나를 먹고, 타이머와 모자를 챙겨 제시간에 도착했다. 이럴 때는 번개보다 빠른 것 같다. 우리는 준비 운동을 하고 출발했다. 그런데 만남의 광장 언덕을 내려가다가 타이머를 누르지 않은 걸 알았다. 500m 정도를 날려 먹었다. 아깝다. 기록하지 않으면 기억하기 어렵다. 데이터가 보여 주는 과학적 근거 자료가 기억을 돕는다. 나는 제대로 100일을 기록하고 싶었다. 그러면 잊지 말고 타이머를 눌러야 한다!

반포대교까지는 거뜬하다. 선배에게 울트라 마라톤에 나갈 때 거리에 대한 부담감은 없었는지를 물었다. 선배는 처음 국토 종단 울트라 마라톤에 나갔을 때 잠시 잠을 잔다는 게 3시간을 자 버리는 바람에 포기한 적이 있다고 했다. 거리에 대한 경험이 있어야 푹 쉬어 주고 잘 달릴 수 있다며 나에게 경험이 없어서 그런 거라고 했다. 경험이 부족하면 걱정이 앞서는 법이다. 그랬다. 반포대교를 몇 번 오가면 반포대교까지는 걱정이 없다.

반포대교를 지나는데 36km 달리고 돌아오는 군대 후배이자 마라톤 클럽 동기인 친구를 만났다. 지금 돌아오는 거면 새벽 3시에는 나왔을 것이다. 역시 대단한 친구다. 여군 출신은 뭐가 달라도 다르다. 인간 세상 돌고 돈다. 군에서는 내가 선배, 마라톤 클럽에서는 내가 후배. 현재는 친구 사이. 우리 시대의 멋진 여군들을 생각하며 더 힘을 내 달렸다.

반포대교를 지나 물을 마셨다. 선배에게 청포도 사탕 한 알을 건넸더니 안 먹겠단다. 혼자 입에 넣고 달렸다. 지난번 왔던 동작대교를 지나 여의도의 기점인 파란 말뚝 5km도 지났다. 이제부터는 처음 가는 길이다. 다리 밑이 터널 같다. 마라톤 클럽에서 매달 올려 주는 훈련 계획표에 보니 오늘 LSD는 노량대교까지라고 되어 있었다. 노량대교라는 곳도 있었나? 선배는 물 위에 세워진 한

교각을 가리키며 저기가 노량대교인 것 같다고 했다. 교각이지만 길 역할을 해서 노량대교라고 부르는 것 같다. 다시 보니 오래전 자전거를 낑낑대고 타고 와 본 적이 있는 곳이다. 피식 웃음이 났다. 이 먼 길을 달려서 오다니!

돌아오는 길에 반포대교 편의점에서 이온 음료를 사 마셨다. 장거리는 쉬었다가 달릴 때가 가장 힘들다. 온몸이 삐걱거리는데 특히 무릎이 그렇다. 다리도 마음대로 움직여지지 않는다. 조금 달려야 원 상태로 돌아간다.

동호대교를 지나는데 어떤 사람들이 달리는 사람을 사진으로 찍는다. 무슨 일인가 해서 가 보았더니 달리기 시합을 하고 있었다. 5km 반환점이라고 했다. 달리는 사람들을 보니 힘이 났다. 이래서 대회에 나가면 기분과 환경 때문에 자기 페이스보다 빨리 달리나 보다. 잠실 운동장으로 나가는 길목에서 피니시 라인 테이프를 들고 서있는 사람들이 보였다. 나는 피니시 라인을 향해 달려가며 만세를 불렀다. 그러자 피니시 라인을 거두어 버린다. 피식 웃으며 옆으로 피해 달리는데 누가 우리를 부른다. 한강 마라톤 청아님이다. 트라이애슬론에 울트라 마라톤도 하는 멋진 사람이다. 선배와도 잘 아는 사이인가 보다. "이 언니 페이스메이커 해 주시는 거예요? 그만한 값어치가 있어요? 하긴 군인이었으니." 그만

한 값어치라니. 값어치라는 말이 심장에 콕 박히는 것 같았다. 정말 나는 그만한 값어치가 있는 걸까? 자꾸 생각나게 하는 단어다.

올림픽대교를 지나면서 처음 마라톤 클럽에 들어갔을 때 여자 선배가 한 말이 떠올랐다. "선우 씨. 여기부터는 힘들면 가로등 두 개는 달려가고 하나는 걸어가 봐." 그때는 가로등 두 개를 지나치는 데도 힘들어 먼저 가시라고 하고 혼자 달렸다. 그랬던 내가 지금은 36km를 달리고 있다. 내가 생각해도 믿기지 않는다.

어쨌든 지금 나는 60일째 달리고 있다. 한 달로 나누어 보니 이번 달은 401km를 달렸다. 다음 달도 잘 부탁한다. 100일째 되는 날은 6월 5일이다. 그러면 그날까지 무사히 100일 달리기를 완주할 수 있도록 긴장의 끈을 놓치지 말고 힘을 내자. 함께 달려주는 선배와 동료들, 그리고 응원해 주시는 모든 분께 감사합니다.

61

일차

4.27

몸이 만들어진다는 건

“힘드니까 너무 많이 달리지 마.” 남편에게 어제 그 소리를 듣고 나가서 달린 거리가 36km다. 온몸이 삐걱거려 내리 쉬고 싶은데 누워 있을 구실이 없다. 나가서 저녁을 먹자고 했더니 집이 좋은 두 사람은 배달 음식을 선택한다. 나도 좋다. 청소기를 돌리고, 설거지를 하며 눈치껏 집안일을 한다. 저녁에는 시어머니께 전화도 드렸다. 너무 반가워하신다. 전화 자주 드려야겠다. 맘먹은 김에 저녁 5시에 알람을 맞춰 놓았다. 매일 5시에 전화를 드리자. 코호트 격리가 끝날 때까지.

새벽에 일어났더니 몸이 여기저기 아프다. 고관절이 아픈 건 이해하는데 등이 아프고 온몸이 삐걱거리는 건 이해할 수가 없다.

달리지는 못해도 스트레칭이라도 하자 싶어 나가기로 했다. 긴 바지가 이제는 조금 답답하다. 조금 가벼운 옷을 입고 싶어 무릎 밑까지 오는 바지로 갈아입었다. 지난해 이맘때는 반팔을 입고 다녔는데 아직도 패딩 점퍼를 입고 다니는 사람이 많은 걸 보면 올해가 춥기는 추운가 보다. 준비 운동을 마치고 천천히 달리기 시작했다. 온몸이 삐걱거리고 몸이 무거운데도 달려진다. 내가 생각해도 대단하다. 36km를 달리고도 다음 날 또 달릴 수 있다니. 체력이 정말 좋아졌나 보다. 오늘은 10km를 달릴 수 있을 것 같다.

몸이 만들어진다는 것. 조지 쉬언의 책에서 '몸이 만들어진다는 건 뼈에 근육만 달라붙어 있는 상태가 아닐까 생각했는데, 몸이 만들어진다는 건 매일 달릴 수 있는 상태가 된 것'이란 걸 이해하게 되었다. 전날 아무리 장거리를 달렸어도 다음 날 거뜬히 일상생활이 가능해야 조지 쉬언이 정의하는 '몸이 만들어진 상태'가 되는 것이다.

운동을 마치고 음료수를 마시다가 청풍 울트라 마라톤 이야기가 나왔다. 그리고 청풍 울트라 마라톤에는 50km도 있다는 걸 알았다. 제한 시간이 9시간이면 나도 성공할 수 있을 것 같다고 했더니 선배가 당장 신청하라고 한다. 그 말에 바로 신청하고 입금도 했다. 그러면 이제 하는 거다. 청풍 울트라 마라톤 50km 도전!

62
일차
4.28

말라 가고 있다

새벽에 꿈을 꾸었다. 하늘에 별이 총총한 길을 달리는 꿈이었다. 별이 어쩜 그리 많은지. 꿈인지 생시인지 모르겠다면서 행복하게 달리고 있는데 갑자기 무릎이 아파 온다. 발바닥에 통증도 느껴진다. '아프면 안 되는데. 나는 울트라 마라톤에 나가야 하는데.' 그러다가 잠에서 깼다. 아무래도 대회에 대한 걱정이 만들어 낸 꿈인가 보다. 별도 고통도 다 내가 만들어 내고 있다.

5시 28분인데 이제는 주위가 선명하게 밝다. 캄캄한 어둠 속에서 출발한 달리기를 이제는 밝은 시간에 시작한다. 몸이 무겁다. 엊그제 LSD를 해서 그런가? 천천히 달리자. 1km를 달렸는데 그래도 어제보다 빠르다.

한 바퀴를 달리고 언덕을 올라 내리막길을 달리는데 선배가 휙 하고 지나갔다. 그러고는 이내 속도를 늦춰 따라갈 수 있게 해 준다. '따라서 달려 보자. 힘들면 멈추면 되지.' 하고 생각하며 달렸는데, '잡은 끈은 놓지 말자. 정 힘들면 그때 멈추자.'라고 한 게 생각나 그냥 따라 달렸다. 6분대 초반으로 달렸다. 분명히 어제보다 힘들었는데 함께 달리니 몸도 풀리고 발도 앞으로 나아간다. 물론 중간에 "악이다. 깡이다." 구호도 붙이고, 경사를 올라갈 때는 "퍼지지 않게 긴장의 끈을 놓지 말고."를 되뇌며 달렸다.

달리기 고수인 선배도 혼자는 꾸준히 달리기 힘들다고 했다. 맞다. 나도 함께 달렸기에 6분 초반으로 달릴 수 있었다. 조만간 혼자서도 이렇게 달릴 수 있길 기대해 본다.

정리 운동을 하다가 "마라톤은 마른 사람이 잘 달리는 것 같아요."라고 했더니 선배는 "우리도 말라 가고 있잖아요."라고 했다. 사실 아주 천천히, 아무도 모르게 말라 가고 있었다. 라디오에서 코로나19 확진자가 발생한 지 오늘이 100일째 되는 날이라고 했다. 그러면서 100일은 '완성과 도달'의 뜻을 가지고 있다고 했다. 곧 다시 일할 수 있으리라. 100일 달리기가 끝나면 나도 뭔가는 완성하고 도달해 있을 것 같았다. 그게 뭔지는 모르지만 끝까지 달려 보면 알 것도 같다. 그러면 마지막까지 긴장의 끈을 놓지 않고 열심히 달려 보는 걸로.

메모장을 열었더니 마음에 드는 문장이 보인다. 뭔가를 잘못 눌러 보인 글인데 나에게 하는 말 같아 옮겨 본다.

당신이 배고픈 건 착각이다. 몸이 곧 당신이다. 몸을 돌보는 것은 자신을 위한 일인 동시에 남을 위한 일이다. 그런 면에서 몸을 관리하지 않고 방치하는 것은 무책임한 일이다. 직무 유기다. 몸을 돌보지 않으면 가장 먼저 자신이 피해를 입는다. 이어 주변에 민폐를 끼친다. 몸을 돌보면 몸도 당신을 돌본다. 하지만 몸을 돌보지 않으면 몸이 반란을 일으킨다.

한근태 《몸이 먼저다》

64
일 차
4.30

휴일이라서 좋다

석가탄신일이다. 휴일이라 새벽부터 러너들이 모였다. 새벽 달리기를 하자고 했을 때 흔쾌히 받아 준 사람들이다. '좋은 습관 만들기' 단체 메신저 방에 초대된 사람은 여덟 명이다. 나는 단체 메신저 방 이름을 '좋은 습관 만들기'라고 해 두었다 했더니 사람들은 저마다 방 이름을 말했다. 미숙이는 '새벽반 5:30분', 명원이는 '새벽 러너 방', 동근이는 '좋은 습관 만들기(강동 러너 방)', 명순 언니는 '다이어트 동기 부여 방', 상미는 '좋은 습관 만들기(판 러너)', 상미는 '미라클 패밀리'라고 했다. 선배는 이름이 없단다. 단체 메신저 방이 별로 없어서 굳이 이름을 붙일 일이 없다고.

이름은 달라도 좋은 습관이나 동기 부여를 위한 이름이니 같은 목적을 가진 사람들이 맞다. 우리는 자주는 아니더라도 함께 달리고, 함께하지 못할 때는 각자 인증 사진을 올려 서로를 응원하고 격려한다. 혼자 하면 오래 못 간다고 했던가? 혼자였다면 지금껏 달리지 못했을 것이다. 우리가 어린이 대공원을 달린다고 했더니, '에너지 마커스(에너지 클럽+마커스 독서 모임. 2019년 손기정 마라톤을 기점으로 결성된 달리기 모임으로 좋은 습관 방 사람들 몇 명이 중복으로 가입되어 있는 모임이다)' 사람들도 참여했다. 끝나고 보니 총 열여섯 명이었다. 출발하는 시간과 달리는 속도는 다르지만 끝나는 시간을 정해 놓으니 다들 같은 시간에 모였다. 정리 운동을 하고 함께 아침을 먹고 짧고 굵은 대화의 희열도 느끼고, 그리고 다음을 기약하며 헤어졌다.

청풍 울트라 마라톤이 16일 앞으로 다가왔다. 대회에 함께 나가기로 한 후배는 전날 50km를 달리고 대회까지 휴식을 취한다고 한다. 선배와 나는 100일 달리기 중이니 대회 전날까지 달리되 조금씩 훈련량을 줄여 휴식을 취하기로 했다. 대회가 다가오니 걱정도 된다. 과연 내가 달릴 수 있을지. 그러나 한번 해 보는 거다. 달리다 힘들면 걸어서라도 가자.

65
일차
5.1

기록은 깨라고 있는 것

어제 운동 다녀와서 다운 모드. 새벽에 일어나 바쁜 척을 해서인지 한 것도 없는데 기절할 것 같다. 그렇게 3시간쯤 누워 있었을까. 책에 글자가 눈에 들어오지 않는다. 뒹굴뒹굴하다가 제안서를 쓰자고 마음먹고 오후 내내 책상에 앉아서 보냈다. 내가 전하고자 하는 내용이 제대로 전해질 수 있도록, 매일 답습하던 것에서 벗어나 새로움을 넣으려고 노력했다. 덕분에 저녁 시간 전에 무사히 완성. 밤에 한번 더 점검하고 보내야겠다.

아들이 엄마 밥이 맛이 없단다. 냉장고에 남아 있는 재료를 마구 넣어서 만들어 준다며. 한마디로 정성이 부족하다는 말이다. 음식을 냉장고에 있는 걸로 만들지 매일 장 봐서 만들 수는 없지 않은가. 코로나로 온라인 수업을 듣는 아들의 삼시 세끼를 챙기기기도 쉽지 않은데 반찬 투정에 맛 투정까지 하니 속이 상했다. 우리 엄마는 어떻게 사셨을까. 매일매일 새 밥을 해서 자식들 먹이고 일까지 하셨으니. 아들의 투정으로 엄마에게 감사함이 진하게 느껴진다.

준비 운동을 하는데 선배가 언덕을 달려 내려온다. 평소에는 인사만 하고 달려가 버리는데 오늘은 왔다 갔다 주위를 맴돈다. 오늘은 내가 빨리 달린다고 했으니 같이 달려 볼 거란다. '그런 말을 한 적이 없는데….' 아무래도 어젯밤에 내 페이스대로 달리겠다고 쓴 블로그 글을 그리 읽었나 보다.

동반 주가 시작되었다. 100일 달리기를 시작하고 처음으로 1km를 빠른 속도로 달렸다. 6분대 후반, 다음 속도는 6분대 중반, 4km부터는 6분대 초반이다. 이러다가 오늘 5분대에 진입하는 거 아닐까 했는데 그런 일은 일어나지 않았다.

1km를 빨리 달리고 난 뒤 무리했을까 봐 겁이 났다. '이대로 괜찮을까? 쓰러지면 어쩌지?' 숨은 턱까지 차고 발은 곧 멈출 것 같았다. 그러나 부지런히 쫓아야 한다. 선배가 차라리 빨리 앞서서 치고 나가면 나는 천천히 달려도 되는데, 옆에서 함께 달리고

있으니 발을 멈출 수가 없다. 네 바퀴째 마지막 언덕이다. 언덕을 오르면 곧 내리막길을 볼 수 있으니 달려 올라가 볼 만하다. 언덕을 빡세게 달려 올라가 무사히 네 바퀴를 돌고 천천히 1.5km를 더 달려 12km를 완주했다.

오늘이 마라톤 시작하고 연습과 경기를 통틀어 10km를 가장 빨리 달린 날이다. 1시간 5분대이다. 평지에서 달리면 1시간 내에도 들어올 수 있을 것 같다. 이렇게 조금씩 좋아지나 보다. 선배 덕분에 자신감이 쑥쑥 오른다.

땀이 안 난다고 했을 때 사람들은 운동을 제대로 안 해서 그렇다고 했다. 정말일까? 앞으로는 이 속도로 헉헉대며 달려야 할지 고민된다. 확실히 날이 많이 더워졌다. 얇은 티셔츠에 조끼 하나만 덧입고 달리는 내가 덥다고 느꼈으니 더운 게 맞다. 어린이대공원에 라일락이 지고 나니 웬일인지 꽃들이 다 져버린 느낌이다. 철쭉이 아직도 저렇게 화사하게 피어 있는데도 말이다. 보는 것과 느끼는 것은 이렇게 다르다.

66
일차
5.2

고향길

달리는 장소는 달라도 매일 달리기는 계속된다. 고향에 행사가 있어서 내려갔다. 모처럼 모인 가족들은 밤새 이야기꽃을 피웠다. 그러고는 설거지는 내일 아침에 하자며 하나둘 잠이 들었다. 집도 넓고 방도 많은데 다들 거실에 옹기종기 누워 잔다. 오래전 우리가 자랄 때처럼 말이다. 새벽이다. 나는 식구들 몰래 얼른 설거지하고 달리러 나갈 생각이었다. 그런데 현관문을 여니 엄마가 보인다. 언제 일어나셨는지 벌써 화덕에 불을 지피고 계셨다. 두부 한 모 사 먹으려다가 그냥 만드신다며.

어릴 때나 지금이나 엄마보다 일찍 일어나 본 적이 없다. 설거지하고 달리러 다녀올 거라고 했더니 그냥 다녀오란다. 왠지 달리고 오면 엄마가 다 해 놓을 것 같아 서둘러 설거지를 했다. 옅은 빗방울이 떨어진다. 엄마는 우산을 가져가라는데 그냥 빈 몸으로 나왔다. 마을 길은 눈 감고도 다 아는 곳이니 걱정이 없다. 어릴 때는 신작로에 자갈이 가득했는데 이제는 아스팔트가 깔려 반듯하다. 다리를 건너 강 옆으로 난 뚝방 길을 달렸다. 하교 후에 다슬기를 잡던 곳이다. 지금은 차 한 대가 충분히 달릴 수 있게 정비된 곳. 바로 평창으로 이어지는 효석문학 100리길이다.

5km를 충실히 달리고 있는데 산과 물과 길이 말을 걸어온다. 달리지만 말고 자기들도 좀 봐 달라고 아우성이다. '맨앞소, 천제당, 구묵구석' 어린 시절 물놀이를 하던 곳의 명칭이다. 지금은 강이 정비되면서 맨앞소와 구묵구석은 사라지고 천제당만 남았고, 현재 천제당은 캠핑족들이 찾는 명소가 되었다. 어릴 때는 물이 깊어 3년에 한 번씩 사람이 빠져 죽는다는 소문이 있었는데, 아마 물 조심하라고 나온 말일 것이다. 달리기가 아니었다면 엄마 집에만 있다가 서울로 왔을 텐데 달리기 덕분에 동네 한 바퀴를 돌았다. 오래전에는 깊고 높기만 했던 동네인데, 내가 언제 이렇게 커 버렸을까.

67
일 차
5.3

허리는 세우고, 가슴은 쫙 펴고

일요일 새벽 6시 광나루의 만남의 광장. 20km를 달리는 날이다. 오늘은 처음으로 하남 방향으로 달렸다. 달리는 사람, 자전거 타는 사람, 걷는 사람… 운동하기 좋은 계절이다. 하남 방향으로 달리니 온라인 훈련 중인 마라톤 클럽 선배들을 자주 마주쳤다. 반포대교 방향으로 달리면 거의 만날 일이 없는 사람들이다. 사회적 거리 두기로 다들 사람들과 마주치지 않는 코스로 선택해 달리는 것 같다.

엄마가 해 준 맛있는 음식을 많이 먹었더니 몸이 무겁다. 달리면 원상태도 돌아갈 거라는 선배의 말이 맞았다. 정말 달리다 보니 몸이 가벼워진다. 빨리 달려서일까? 꾸준히 6분 후반대로 달리다가 마지막 1km는 5분대로 달렸다. 1km지만 처음으로 5분대로 달린 역사적인 날이다. 풀코스를 달리려면, 마지막 10km는 빨리 달려야 한다는데 나에게도 그럴 날이 올 것 같다. 그리고 오늘 알게 된 사실 하나! 선배의 등은 곧게 쫙 펴져 있다! 그간 함께 달리면서도 선배의 제대로 된 자세는 처음 보았다. 나는 등이 구부정해서 늘 가슴을 펴려고 노력하는데, 선배의 자세를 보니 나도 모르게 바로 가슴이 펴진다.

스포츠 댄스를 할 때는 등을 곧게 펴는 게 중요하다. 영화 〈쉘 위 댄스〉를 보면 등을 펴기 위해 부목을 대고 춤 연습을 하는 장면이 나온다. 춤만이 아니라 달리기에도 등을 펴는 게 중요하다. 달릴 때 고개를 들고 달리라는 말이 있는데, 자세를 바로잡기 위해서이다. 달릴 때의 시선은 50m 정도 멀리 내다보되, 내리막길에서는 더 멀리, 오르막길에서는 더 가까이 내다봐야 한다. 목과 등이 구부러지지 않도록 허리를 세우고 가슴을 활짝 펴고 신나게 달릴 일이다.

돌아오는 길에 일요 달리기를 하는 동료들을 만났다. 초보인 수정이와 미숙이, 재훈 씨가 앞에서 끌고 뒤에서 밀며 달리고 있다. 힘든 달리기. 이렇게 서로 응원하며 함께 달리기에 그나마 달릴 수 있다.

68
일차
5.4

고통은 삶의 동반자

이제 얼마 안 남았다. 어제 사이즈가 넉넉한 러닝화를 신고 달려서인지 발바닥 통증이 덜했다. 20km 정도 달리면 발목에 통증이 느껴졌는데 어제는 통증을 느끼지 못했다. 아침에 발목에 테이핑을 하고 다시 사이즈가 넉넉한 러닝화를 신었다. 반팔도 꺼내 입었다. 차 문을 열었는데 춥지 않다. 5월이다.

몸이 조금 무겁다. 어제 20km 달려서일까? 컨디션이 좋을 줄 알았는데 막상 달리니 확실히 무겁다. 두 바퀴째 언덕을 내려가는데 발바닥에 통증이 느껴졌다. 언젠가는 통증 없이 달리는 날이 오겠지 믿어 본다. 달리다 보면 날아갈 것처럼 가벼운 날도 있지만 대부분은 무겁다. 몸 어딘가는 늘 아프다고 성을 낸다. 인생은 고통이라더니, 달리는 동안 통증은 늘 동반자처럼 따라다닌다. 그래도 달린다. 통증이 있어도 달리고 나면 기분이 좋다. 기분이 좋은 게 아픔을 이긴다. 인생이란 이런 걸까? 고통이 동반하지만 그 속에서 순간순간 느끼는 만족감 때문에 사는 걸까?

마라톤을 시작한 지 1년. 몇 번의 대회에 참석하고 남은 건 기념 티셔츠들이다. 어제는 철원 DMZ 국제 평화 마라톤 기념 티셔츠를, 오늘은 서울 하프 마라톤 기념 티셔츠를 입는다. 매일매일 새로운 기념 티셔츠를 입는 것도 기쁨이다. 선배는 옷 살 일이 없다고 했다. 오래된 기념 티셔츠는 운동복으로, 새로운 기념 티셔츠는 외출복으로 입는다고 한다. 나도 오래 달리면 그렇게 될 것 같다. 마라톤을 10년 정도 하면 아예 운동복 코너를 따로 만들게 될까.

오늘 달리면서 가장 신경 쓴 것은 어깨를 펴고 가슴을 활짝 열어 자세를 바로잡는 것이다. 노력할수록 자세가 좋아지고 있다.

70
일 차
5.6

나에게도 이런 날이 오다니

5시가 다 되어 일어났다. 바나나 하나와 빵 하나를 집어 먹었다. 빵은 왜 이리 달콤한 걸까? 하나 더 집어 먹고 나갔다. 평소보다 일찍 나온 것 같은데 빵을 먹느라 그랬는지 도착 시간은 비슷했다. 날씨는 어제와 같을 줄 알았는데 추워서 닭살이 올라온다. 서둘러야겠다 싶어 준비 운동을 하고 바로 달렸다. 첫 1km는 천천히 가볍게 달렸다. 매일 같은 일을 하고 같은 걸 먹는데도 어떤 날은 가볍고 어떤 날은 무겁다.

오늘은 조금 무거운 날이다. 천천히 달렸다고 생각했는데 7분 주다. 어린이 대공원의 정문을 향해 달리는데 젊은 아가씨가 내 앞을 달려간다. 선배가 빨리 달리는 사람을 보면 쫓아가고 싶어진다고 했던 말이 생각나서 나도 한번 따라 달려 보았다. 언덕이라 속도가 느려지려고 했지만, 그래도 끝까지 쫓아 달렸다. 두 번째 언덕을 오르니 젊은 아가씨는 동물 공연장 쪽으로 빠진다. 다행이다. 더는 따라가지 못할 것 같았다. 다시 내 페이스로 달리기 시작했다. 그런데 이게 무슨 일인가! 한번 빨라지기 시작한 속도는 쉽게 느려지지 않았다. 그대로 내달렸다. '5분 46초? 언빌리버블! 이거 실화냐?' 꼭 한번 달려 보고 싶던 5분대를 달리다니. 내 인생 최고의 기록을 냈다. 5분 39초. 역사적인 날이다.

작은 성공 경험이 모여 큰 성공이 된다고 했다. 지난 일요일에 선배가 18km를 달린 뒤 1km 정도를 5분대에 달렸다고 하긴 했는데, 정말이었나 보다. 오늘 기록을 눈으로 확인하니 기뻤다. 작은 성공들이 모여 큰 성공이 되었으리라. 고대하던 5분대!

하면 되고, 하면 는다는 건 진리다.

71
일차
5.7

장비 탓하지 말자

몰랐다. 새벽 5시가 되면 트럭들이 일제히 빨간불을 깜빡이며 움직이기 시작한다는 것을. 벌써 포클레인은 흙을 한 바가지 퍼서 트럭에 싣고 있다. 이른 새벽에는 그 어떤 움직임도 없을 것 같은데 공사장은 거짓말처럼 분주하게 돌아간다. 창가에 기대어 누군가가 열심히 일하는 모습을 지켜보는 것만으로도 나도 세상의 한 귀퉁이를 담당하고 있다는 느낌이 든다. 오늘도 바나나 하나를 입에 물고 곧 시작될 아침을 준비한다.

새벽 기상은 언제나 어렵다. 새벽 기상을 습관화하려고 시작한 달리기인데, 아직도 '1분만 더'를 외치며 침대에서 일어나지 못하는 나를 본다. 눈뜨면 바로 일어나는 게 아니라 정해 놓은 시간까지 꾸물대다가 일어난다. 매일 모자와 타이머, 핸드폰을 넣는 작은 가방을 챙긴다. 가끔 잊고 그냥 나가는 날도 있지만, 이제는 몸이 기억하는 일상이 되었다. 몸에 각인된 행동은 나를 무의식적으로 움직이게 한다.

달리고 있는데 어깨 안쪽과 팔뚝에 통증이 느껴졌다. 선배에게 지난번 풀코스를 달릴 때 팔이 아팠다고 하니 다리만이 아니라 팔 근육도 단련시켜야 한다고 했다. 어제 팔 굽혀 펴기를 몇 번 했는데 쉽지 않았다. 아무도 안 믿겠지만 학창 시절에 체력장을 하면 매달리기는 늘 최하 점수를 받았다. 시작과 동시에 땅바닥에 두 발이 착지해 있는 모습이라니. 달리다 보면 팔 힘도 좋아진다고 하는데 정말인지, 아니면 팔 운동을 따로 해야 하는지 고민이 되었다. 100일을 달려 보면 알 것 같다.

계속되는 왼발과 발목 통증에 오늘을 꼭 정형외과를 찾아가려고 마음먹었다. 마라톤 선수들이 주로 가는 정형외과도 찾아 두었다. 그곳에 가면 마라톤을 하지 말라고 하는 게 아니라, 고쳐 가며 달리라고 한다니 안심될 것 같았다. 그런데 새벽에 발을 몇 번 돌려 보았는데 통증이 느껴지지 않았다. 이게 무슨 일인가? 생각이 아픔을 만든 건가? 아니면 벌써 근육이 튼튼해진 건가? 달리면서도 발의 통증은 느껴지지 않았다. 무릎에서 신호가 한 번 감지됐지만 계속 달리니 사라졌다. 통증이 느껴질 때, 더는 달리지 못할 건지 달려도 되는 건지를 판단해야 한다는 말을 실감했다.

지난해 서울 하프 마라톤에서 노란색 반팔 티셔츠를 받았다. 그런데 입을 때마다 뭔가 까슬까슬하고 땀 흡수가 안 되는지 더웠다. 마라톤복인데 왜 이럴까 싶었는데 올해는 그런 느낌이 없다. 정말 달리기로 몸이 변화하나 보다. 갑자기 군에서 들은 말이 생각났다. "옷에 몸을 맞추란 말이야!"

서슬 퍼런 선임 하사의 목소리다. 달리기로 몸의 균형을 찾아가니 옷도 편해진다. 그러니 장비 탓하지 말자.

74
일차
5.10

자전거 전용 도로는 없다

운수 좋은 날이었다. 처음으로 조카를 데리고 한강으로 갔다. 마라톤 클럽 사람들이 수요일과 일요일에 운동하는 장소다. 날이 쌀쌀했다. 아직 오지 않는 사람들을 기다리느라 광진교 남단 만남의 광장을 두어 바퀴 돌았다. 그러고는 조카를 데리고 먼저 반포대교 방향으로 달렸다. 늦게 오는 사람은 잘 달리는 사람들이니 선배랑 같이 달리면 금방 따라올 것이다.

몸이 가벼워서 달리는 게 힘들지 않았다. 12km를 달리려면 탄천까지 가야 한다. 조카에게는 무리일 것 같아 조카는 잠실 선착장에서 돌려보냈다. 길이 잘 닦여 있으니 만남의 광장까지는 쉽게 찾아갈 수 있을 것이다.

조카를 보내고 탄천으로 달리는데 뒤에서 가벼운 발소리가 들리더니 곧 나를 추월해 간다. 젊은 마라토너들이다. 그들을 따라 달렸다. 1km만 쫓아가자. 신기했다. 내 몸이 젊은 마라토너들을 따라 달리다니. 탄천에 다다르기 전의 갈림길에서 젊은 마라토너들과 헤어졌다. 파란 말뚝 16km 지점에서 턴하여 조카를 따라잡으려고 달렸다. 선배가 늦게 온 두 명과 함께 달려온다. 조카를 보았다고 했다. 올림픽 대교를 지나는데 미숙이와 명순 언니가 달려온다. 그들도 조카를 봤다고 한다. 잠시 이야기를 나눌까 하다가 그냥 만남의 광장을 향해 먼저 달렸다. 조카를 처음 데리고 나와서 걱정도 되고, 끝까지 기록도 유지하고 싶었다. 덕분에 발이 빨라졌다. 조카는 만남의 광장에 있었다. 왔던 길을 되짚어 혼자 만남의 광장까지 달려온 것이다. 미안한 마음과 대견한 마음이 뒤섞여 순간 울컥했다.

조카와 함께 수돗가에서 물을 마시고 정리 운동을 했다. 그런데 시간이 꽤 흐른 것 같음에도 불구하고 올 사람들이 오지 않았다. 오늘따라 많이 늦는구나 싶었는데, 갑자기 구급차 한 대가 광나루 주차장으로 들어와 우리 앞을 가로지른다. '사고가 났나?' 한참을 기다리는데 명순 언니에게 전화가 왔다. "선우야. 미숙이가 사고가 났어. 지금 병원으로 가는 길이니까 가족에게 연락해

줘." 아니 왜? 방금 만나고 헤어졌는데 무슨 일이 일어난 걸까? 급히 가족에게 연락을 취하고, 사고 현장을 수습하고 온 선배를 만났다. 미숙이가 달리다가 자전거와 충돌했는데 머리를 부딪혔다고 했다. 나는 조카를 동료의 차에 태워 보내고 병원으로 갔다. 응급실에 실려 들어간 미숙이의 상태가 몹시 걱정됐다. 머리를 다쳤다고 하는데 얼마나 심각한지 알 수 없었다. 한참 후 미숙이의 딸이 병원에 도착했다. 응급실에 들어갔다가 나온 딸이 오열한다. 위험하다고. 머리를 열어야 한다고.

한강에는 자전거 전용 도로가 없다. 자전거 전용 도로로 알고 있는 곳은 보행자와 자전거가 함께 다닐 수 있는 겸용 도로이다. 자전거를 탄다면 반드시 안전 속도를 지켜야 한다. 한강에 자전거 전용 도로가 없다는 것을 기억해 주었으면 좋겠다.

75
일차
5.11

한숨

한숨은 살기 위해 쉬는 숨인 것 같다. 나도 몰랐다. 내가 그렇게 많은 한숨을 쉬는 줄. 머리로는 생각과 현실을 구분해야 한다고 하면서도 몸은 그게 아니었나 보다. 새벽에 눈은 떴는데 아무것도 할 수가 없었다. 겨우 침대에서 두 다리를 방바닥에 내렸다. 몸을 일으켜 세우고는 그대로 멈칫. 뭘 해야 할지 몰라 책상 위를 보았다. 책에 눈에 갔다. 일단 움직여야 마음이 따라온다고 했다. 책을 집어 들고 한 페이지를 읽고는 일어섰다. 어린이 대공원으로 갔다. 습관이 무섭다. 매일 하던 일은 생각하지 않아도 무의식적으로 하게 된다.

달려야 하는데 이번에는 발이 움직이지 않는다. 가슴속에 있는 숨을 다 토해 내려면 달려야 할 것 같은데 마치 한번도 달려 본 적이 없는 사람 같다. 사람마다 역경에 대처하는 자세가 다르다. 어른이 되어도, 아무리 공부해도 익숙해지지 않는 것들. 그래도 우리는 도무지 익숙해지지 않는 것들을 뛰어넘어 삶을 이어가야 한다. 그래서 세상에는 그렇게 많은 외상 후 장애에 대한 치료법과 회복 탄력성을 높이는 방법과 행복의 기술들이 존재하는 것 같다.

미숙이가 입원한 병원에서는 눈물을 흘리는 게 아무렇지도 않았다. 목 놓아 우는 사람도 있고, 제 가슴을 뚫어 버릴 것처럼 치는 사람도 있었다. 그들도 나와 같은 마음이겠지. 한숨 대신 하염없이 눈물이 흘렀다. 그렇게 달려도 나오지 않던 땀이, 가만히 있어도 눈물로 나와 멈추지 않았다. 조금 좋아졌다고 했다. 가족이 아닌 나는 미숙이의 얼굴을 볼 수가 없었고, 어린 딸들이 안타까워 상태를 물어볼 수도 없었다. 그냥 그 앞에서 기다리다가 의사가 말하는 걸 들을 수밖에. 오늘 밤을 잘 넘기길. 버텨 주길 바라는 마음뿐이다.

숨비 소리. 제주 해녀들이 바닷속에 들어가 있다가 나오며 내는 소리다. 해녀들은 '호오이' 소리를 내며, 맨몸으로 바닷속으로 들어가 전복이나 미역, 해삼을 채취하고는 밖으로 나와 숨을 토해 낸다. 휘파람 소리 같기도 한 이 소리는 이산화탄소 덩어리를 내뿜는 소리이기도 하다. 살기 위해 내는 깊은 한숨 소리. 아름다운 소리 같기도 하지만 그 속에는 삶의 애환이 고스란히 담겨 있다. 나의 한숨도 이들이 내는 숨비 소리와 닮아 있었다. 소리 없이 내는 숨비 소리.

76
일차
5.12

산길 달리기

집에서 온라인 수업을 듣던 아들이 드디어 학교에 가는 날이다. 3박 4일 동안 두 개의 과만 모여 실습 교육을 한단다. 이리저리 교통편을 알아보다가 학교 셔틀을 타고 가기로 했다. 학교 셔틀은 아침 7시 20분 교대역에서 출발이다. 대중교통을 이용해 교대까지 가려면 1시간 전에는 집에서 나가야 한다. 아들이 새벽 운동하러 갈 거냐고 묻는다. "아니. 너 가는 거 봐야지." 아들은 엄마가 있는 게 든든할 것이다.

새벽 알람을 듣고 일어났다. 아들은 벌써 씻고 있다. 아들과 전철역까지 함께 걸었다. 간밤에 비가 왔는지 새벽 공기가 깨끗하고 상쾌했다. "엄마. 여행 가는 것 같다. 해외여행!" 설레기도 할 게다.

집을 떠나는 기분, 새벽의 찬란함과 대학생이 되어 처음으로 학교에 가는 설렘, 처음 만나는 친구들. 아들은 함께 걸으며 이것저것 잘도 이야기한다. 전철역까지가 이렇게 짧은지 처음 알았다. 개찰구로 들어가는 아들의 뒷모습을 핸드폰으로 찍으려고 하자 아들이 포즈를 취해 준다. 자기도 보내 달란다. 사진 찍는 걸 싫어하는 아들에게 새삼 고맙다.

아들을 보내고 간밤에 의식이 돌아왔다는 소식을 들을 수 있을까 하여 병원으로 갔다. 새벽 6시 반이나 됐을까? 중환자실 앞에는 미숙이의 딸과 친척들이 앉아 있었다. 새벽에 수술을 했다고 했다. 그런데 갑자기 의사가 나오더니 면회 온 사람이 몇 명이냐고 묻더니 중환자실 안으로 들어오란다. 중환자실은 원래 직계 가족에게만 허락이 되고 그것도 한 명만 들어갈 수 있는데, 이렇게 많은 사람을 다 들어오라고 하는 건 다시 못 볼 수도 있을 만큼 위중한 상황이라는 뜻이다. 나도 따라 들어갔다. 가족들이 응원의 말을 전했다. 나도 터져 나오는 울음을 삼키며 인사를 했다. 의식은 없어도 귀는 열려 있다는 말을 들은 적이 있어서 진심을 담아어서 일어나라고 말해 주고 나왔다.

집으로 오는 길. 의사는 마지막일 수 있다고 했지만 나는 왠지 희망이 보였다. 내일도 병원에서 만날 수 있을 것 같았다. 이럴 때 해야 할 일이 있다는 게 얼마나 다행인지 모른다. 학교에 강의안을 만들어 보내고 온라인 강의 자료를 만들고 나니 오후가 훌쩍 지났다. 옷을 챙겨 입고 일자산으로 갔다. 걷기와 달리기를 병행했다. 일자산은 아카시아가 한창이다. 향이 진하다. 산길을 달리니 마주 오던 어르신이 손뼉을 치며 응원해 준다. 거의 걷는 수준의 달리기인데 사람들의 눈에는 달리 보이나 보다.

사람이 사람을 치유한다지만, 힘들고 우울하고 고통스러울 때는 혼자만의 시간이 필요하다. 어떤 말로도 위로가 안 되기 때문이다. 좋은 습관 만들기 방 사람들끼리는 말하지 않아도 같은 마음이었다. 나에게는 함께할 힘을 만들기 위한 시간이 필요했다.

그렇다고 혼자 방구석에 처박혀 온갖 죄책감과 슬픈 감정을 다 몰고 오고 싶지는 않았다. 혼자 있고 싶었지만 그 시간에 말없이 두 팔을 벌려 안아 주는 자연을 만나며 해야 할 일들을 해 나갔다. 혼자 산길을 달리는 시간은 나를 살리는 시간이었다.

77
일차
5.13

핑계 대지 말자

새벽에 터질 것 같은 심장 소리에 잠에서 깼다. 달릴 때도 심장이 이렇게 빨리 뛰지는 않았던 것 같다. 지난밤 괴로움에 나도 모르게 들이켰던 알코올이 이런 상황을 만들었나 보다.

산으로 갔다. 집을 나서자마자 꽃향기가 진동했다. 걸었다. 아침이 좋으니, 상쾌한 공기가 좋으니 걸어도 괜찮지 않을까? 달려야 하지만 달릴 힘이 없을 때는 조금 걷자. 그렇게 산길을 걸었고 스스로 정한 반환점에서 돌아오다가 나를 보았다. 목표가 있었는데 이러고 있으면 안 될 것 같았다. 원래 내 목표가 무엇인지 되짚어 보았다.

100일 달리기는 걷는 게 아니라 달리는 거였다. '새벽 5시 반에 10km를 달리는 것.' 이미 지나간 시간은 어쩔 수 없지만 남은 날이라도 충실하자. 목표를 재점검하니 달려야 할 이유가 생겼다. 오늘부터라도 다시 10km를 충실히 채우자. 덕분에 남은 거리는 달리기로 채울 수 있었다.

흔들릴 때는 잠시 멈추어 점검해야 한다. 목표가 무엇이었는지, 제대로 된 방향으로 나아가고 있는 건지. 그래서 다시 확인했다. '나는 좋은 습관을 만들기 위해 100일 달리기를 하고 있으며, 매일 아침 5시 반, 10km를 달리기로 했다.' 어린이 대공원에는 못 가도 제대로 하자. 장소는 달라도 되지만 시간은 정확히 5시 반이다. 시간과 거리. 이래저래 핑계가 많았다. 슬프고 괴롭고 힘들다고 핑계 대지 말자. 자기 합리화도 하지 말자. 목표대로. 미숙이도 그러길 바랄 것이다.

78
일차
5.14

과학보다 힘센 것들

전날 일찍 잠들었는데도 일어나니 5시가 넘었다. 혼자 하니 꾀도 나고 자꾸 자기 합리화를 하게 된다. 집에서 준비 운동을 하고 나온다는 선배의 말이 생각나 거실에서 스트레칭을 했다. 양말을 신었더니 바닥에 밀려서 자세가 무너진다. 그냥 밖에서 하자. 생각해 보니 어제는 준비 운동도 정리 운동도 안 했다. 그래서였는지 발목에 통증이 느껴졌다. 아픈 곳이 생기면 전날 내가 무얼 했는지를 돌아보게 된다. 때로는 한 일 때문에 아프고, 때로는 하지 않은 일 때문에 아프다. 그러니 인생은 일정하지 않다. 단지 일정하게 하려고 노력할 뿐.

어제 그제 기록은 저조했다. 느리게 달리기도 했지만, 타이머가 제대로 작동하지 않은 탓도 있다. 신호등에서 다시 타이머를 보았다. 시간은 가는데 거리가 0이다. 아무리 전자기기라도 제대로 작동하는지 확인해야 한다. 기계라고 늘 정확한 것도 아니고, 과학이 언제나 옳은 것도 아니다. 달려서 산을 오르려고 했는데 언덕에서부터 나도 모르게 걷고 있었다. 일자산 해맞이 광장을 내려오는데 마주 오는 어르신이 "건강합시다."라며 인사한다. 나도 "건강하세요."라고 인사를 건넸다. 건강을 물어봐 주는 한마디에 뭉클했다. 10km를 달렸는데도 불구하고 땀이 나지 않는다. 아무래도 요즘 운동을 너무 설렁설렁한 것 같다. 속도를 더 올려야 할지 잠시 고민하며 달렸다. 언덕을 오를 때 힘은 들었지만 다리 근육이 다리를 밀어 올려 주는 느낌이 들었다. 그래도 체력이 좋아지긴 했다.

집으로 오다가 활짝 핀 작약 한 무더기를 발견했다. 가까이 보니 표지판에 '에키나'라는 꽃 명이 쓰여 있다. 분명히 작약인데 싶어서 핸드폰으로 검색해 보니 작약이 맞다. 의심하지 않았더라면 작약을 에키나로 알았을 것이다. 보이는 것이 다가 아니다. 아무리 정교하고, 당연한 진실이라 여겨지더라도 한번쯤 '정말일까?' 하는 의문을 가져야 한다. 과학과 기술처럼 정확한 것만이 만능이 아닌 세상이다. 현실에는 우리가 품고 사는 꿈과 희망이 더 힘이 센 경우도 있다. 나는 그걸 믿는다.

79
일 차
5.15

신은 자신을 대신하여 사람을 보냈다

신은 자신을 대신하여 사람을 보냈다. 신을 대신할 사람이 있다는 건 어마어마한 일이다. 미숙이의 사고를 알게 된 지인이 명상을 해 보라며 책도 권해 주고 도움이 될 만한 영상도 보내 주었다. 있는 그대로 바라보기, 어떤 감정도 섞지 않고 사실과 생각을 분리하기, 죄책감 갖지 않기. 알고 있는데 잘 안 된다.

지인에게 말했다. 일자산에 아카시아 향이 너무 좋으니 아침 일찍 산책 삼아 다녀오라고. 그러자 지인은 "선생님, 친구 분 사고가 선생님 때문에 났다고 생각하지 마세요. 죄책감 느끼지 마세요." 맞는 말인데 함께 운동하자고 권했던 사람이 나였고, 내가 아니었으면 사고가 나지 않았을 거라는 생각에서 벗어날 수는 없었다. 나뿐 아니라 좋은 습관 만들기 방 사람들 모두 저마다 죄책감을 가지고 있었다. 누구는 시골에 간 미숙이에게 빨리 올라오라고 해서, 누구는 아침에 함께 달리지 않아서, 누구는 함께 달리다가 앞으로 보내서. 모두 미숙이에 대한 죄책감에서 벗어날 수 없었다.

이럴 때는 할 수 있는 일을 묵묵히 하는 것 외에는 방법이 없다. 비가 온다고 했다. 날이 따뜻해졌으니 비를 좀 맞아도 괜찮겠다. 침대에서 꼼지락거리며 손목과 발목을 움직이고, 있는 힘껏 기지개를 켰다. 그리고 1층으로 내려가 다시 스트레칭을 했다. 산을 달려서 그런지 양쪽 발목에 통증이 느껴졌다. 비가 와 그럴 수도 있을 것 같다. 그러고 보니 비 오면 늘 무릎이 아팠는데 요즘은 무릎 통증을 느끼지 못했다. 달리면서 여기저기 아팠는데 무릎은 더 튼튼해졌다. 발목이 아픈 건 준비 운동을 제대로 안 해서일 수도 있다고 해서 오늘은 준비 운동에 정성을 들였다. 비가 내린다. 오는 것도 아니고 안 오는 것도 아닌, 맞아도 상관없는 비가 내린다. 일자산으로 갔다. 나뭇잎에 빗방울이 떨어지는 소리가 들린다. 모자 밑으로 빗방울이 한두 방울 떨어져 얼굴을 타고 흘러내린다. 또 눈물이 흘렀다. 하늘에서 비가 내리니 눈물이 흘러도 창피할 일이 없다. 10km 목표를 채우자. 해야 할 것은 하자. 나와 한 약속이니까. 그렇게 내가 할 수 있는 일을 하면서 기다리는 것. 그게 지금 내가 할 일이다.

80
일차
5.16

모든 길은 로마로 통한다

80일 차. 이제는 아침에 그냥 벌떡벌떡 일어날 때도 된 것 같은데 몸이 말을 듣지 않는다. 매일 달리기로 피로가 더 쌓였다. 눈을 뜨고 뒹굴뒹굴하다가 5시를 넘겼다. '1분만 더'를 외치다가 20분이 지났다. 침대에서 발목 돌리기도 하고 스트레칭도 했으니 이것으로 준비 운동은 끝이다.

또 비가 온다. 오는 건지 안 오는 건지도 모르겠는 이슬비. 오늘은 걸어야겠다. 산으로 가서 온전한 자연을 느끼고 싶다. 달리기 싫은 마음을 걷기로 타협했다.

산에서는 모르는 사람끼리 인사를 한다. 처음에는 나를 아는 사람인가 했는데 아니었다. 그냥 인사를 한다. 처음에는 몰라서, 나중에는 쑥스러워서 인사를 받지 못했는데, 오늘은 겨우 알아들을 만한 모깃소리로 화답을 했다. 인사는 사람의 기분을 좋게 한다.

대지는 촉촉하게 젖어 있고 산은 녹음에 덮여 장대한 청춘의 시기를 지나고 있다. 걷기 좋은 날이다. 내친김에 서울 둘레길 표지판을 따라 걸었다. 매번 턴하던 곳을 지나 산길을 내려갔다. 분명히 한강과 통하는 길이 있다고 했는데 중간에 길을 잃었다. 둘레길이 걷기 좋은 낭만적인 길로만 이어진 게 아니라는 건 오래전 올레길을 걸으며 알았다. 산에서 내려오자 마을이 나오고 마을에서 나는 또 길을 잃었다. 집으로 가는 방향이라 생각하고 길을 잡았는데 또다시 엉뚱한 길이 나온 것이다. 낯선 창고와 트럭이 보인다. 살짝 무서워서 온 길을 되짚어 나갔다. 그러다가 또 아는 길을 만났다. '환한 대낮에도 길을 잃을 수 있구나. 어른인데도 길을 잃으면 당황하게 되는구나.' 불안과 두려움이 커지면 온 길을 깡그리 잃어버리기도 할 것 같다. 그러니 길을 잃었을 때는 그 자리에서 되짚어 봐야 한다. 그러고는 오던 길을 돌아갈 건지, 아니면 새로운 길을 갈 건지 결정해야 한다. 집으로 가다가 노란 나비를 만났다. 엄마는 노란 나비가 행운을 가져다준다고 했다. 왠지 오늘은 좋은 소식이 들릴 것 같다.

많이 걸었다고 생각했는데 8km다. 빗방울이 아까보다 굵어졌다. 달리면 비를 덜 맞을 것 같은데 몸이 마음처럼 움직이지 않는다. 그래도 달리자. 10km를 채우기 위해. 비를 맞으며 달리는 기분도 괜찮다. 모든 길은 로마로 통한다고 했던가. 매일의 목표는 10km를 달리는 거지만 10km를 달리는 방법은 다 다르다. 이제 로마가 멀지 않았다. 길을 잃어도, 장소가 달라도, 달리는 방법이 달라도 나의 길은 100일 달리기 종착점으로 향하고 있다. 이제 100일이 멀지 않았다. 그 안에 모든 것이 제자리도 돌아오면 좋겠다. 코로나로 빼앗긴 일상도, 미숙이도.

81
일차
5.17

하루하루가 기적일 거야

잠을 많이 잤다. 비는 생각할 시간을 만들어 주기도 하지만, 사람의 기분을 가라앉게도 한다. 비에 젖은 솜처럼 몸이 무겁다. 감기약과 비타민을 먹었다. 종일 몸이 나른해 낮잠을 자고, 미숙이를 보러 병원에도 갔다. 별다른 소식은 없다. 계속 의식이 없는 상태라고만 들었다. 그래도 수술이 잘 되었다니 또다시 희망이 꿈틀거린다. 사흘째 비가 내린다. 하늘도 슬픔을 아는 걸까. 옷을 챙겨입고 나가다가 사람들이 시선이 싫어서 집으로 돌아가 차 키를 집어 들고 올림픽공원으로 갔다.

올림픽공원은 코스가 다양해 평지를 달릴 수 있어 좋은데 주차비가 있다. 집에서부터 달리면 좋지만 사방이 환한 아침에, 출근하는 사람들 사이에서 달리는 복장으로 달리기가 싫었다. 아무도 관심이 없겠지만, 나만 느낄 수 있는 시선이 있다. 그럴 바에는 주차비를 내는 게 낫다. 올림픽공원의 주차비는 1시간에 1,000원이고 이후 10분당 500원이다. 2,000원이 되기 전에 나오기로 했다. 10km를 빨리 달리면 그도 가능한 일이다. 올림픽공원 산책길을 한 바퀴 돌면 2.5km 정도이다. 어린이 대공원과 비슷하다. 네 바퀴를 돌면 10km가 된다. 두 번째 바퀴를 돌다가 성화를 보았다. 1988년부터 꺼지지 않고 타오르는 불. 오늘따라 불길이 더 맹렬히 타오르는 것 같다. 어제보다 오늘이 희망적이기를, 오늘부터는 하루하루가 기적이기를 성화의 불길을 보며 기도했다.

책상에 앉아 작업을 하는데 갑자기 숨이 막혔다. 명치끝이 꽉 막힌 것 같다. 요즘 자주 있는 증상이다. 남편은 공황장애 초기 증상이라며 병원에 가 보란다. 눈치가 참 없다. 소화가 안 된다고 했더니 그렇게 원하던 살이 빠지겠다고 좋겠단다. 눈치 없는 건 이혼 사유에 포함이 안 되는 건가?

인터넷을 검색하다가 인기리에 방영되던 드라마 〈부부의 세계〉가 종영했다는 걸 알게 되었다. 자극적이고 일찍 자는 습관 때문에 보지 못한 드라마다. 그래도 궁금해서 검색하다가 또 낚였다. 다행이다. 드라마는 나에게 위안을 주었다. "내 몫의 시간을 견디면서 내 자리를 지킬 뿐이다. 언젠가 돌아올 아들을 기다리면서 그 불확실한 희망을 품고 사는 것, 그 불안을 견디는 것, 모든 상황을 내가 규정짓고 심판하고 책임지겠다는 오만함을 내려놓는 것이 내가 할 수 있는 최선이겠지. 우리가 저지른 실수를 아프게 곱씹으면서 또한 그 아픔에 사로잡히지 않으면서 매일을 견디다 보면 어쩌면 구원처럼 찾아와 줄지도 모르지. 내가 나를 용서해도 되는 시간이." 드라마의 주인공 지선우의 독백이다. 나도 내 몫의 시간을 견디며 자리를 지키다 보면 미숙이와 다시 예전처럼 달릴 날이 구원처럼 찾아와 주리라 믿는다.

83
일차
5.19

있는 그대로를 인정하기

사람들은 힘든 일을 어떻게 견딜까? 매 순간 어떤 감정들을 느끼며 살까? 지금의 내 상태가 정상일까? 왜 이렇게 힘든 거지? 나만 그런가? 끝없는 질문이 꼬리에 꼬리를 물었다. 역경을 이겨낸 사람이 다시 현실로 돌아오면 더 큰 힘을 발휘한다고 했다. 그 역경에 대처할 방법에는 '그냥 웃기, 감사하기, 강점 발견하기, 규칙적인 운동' 등이 있다. 지금 하고 있고, 이미 하고 있으므로 내 행복의 기본값이 어느 정도 높아졌다는 걸 안다. 그럼에도 불구하고 예기치 않은 사건을 당했을 때는 다시 떨어지는 걸 어쩔 수 없다.

괜찮지 않아도 괜찮다고 말했다. 말하는 대로 이루어진다고 하니까. 하지만 괜찮다고 말하고 나니 명치끝이 다시 답답해지고 숨이 막혔다. 이럴 때는 하는 일을 멈추고 가슴을 편 채 호흡을 가다듬는다. 밥을 먹으면 소화가 되지 않았다. 아침에 눈뜨면 배부터 고픈 게 나였다. 아파도 배가 고프고, 고민도 밥을 먹어야 해결이 되었고, 뭔가 생각해야 할 것이 있거나 잘 안 풀리는 일도 정작 운동을 하면 생각이 나고 잘 풀렸다. 그렇게 먹는 걸 좋아하는 내가 먹지를 못해 10일 만에 3kg이 빠졌다.

다시 말했다. 괜찮지 않다고, 나 많이 힘들다고. 이렇게 말할 수 있는 건 조금 나아졌다는 의미이다. 괜찮은 척하지 말고 그냥 내 감정을 있는 그대로 느껴보기로 했다. 힘들면 힘든 대로, 괜찮으면 괜찮은 대로. 그나마 다행인 건 종일 그런 증상이 지속되는 건 아니란 거다. 가끔은 웃기도 하고, 이야기도 나누고, 일하고 달렸다. 그러다가도 갑자기 나도 모르게 솟구쳐 오르는 슬픔에는 속수무책이었다. 주체할 수 없이 눈물이 흐르고, 깊은 한숨이 토해져 나왔다.

내 몸의 반응을 그냥 가만히 지켜보련다. 단지 쓸데없는 생각이 들 때는 몸을 움직였다. 나는 지금 잘하고 있고, 귀한 마음공부를 하고 있는 중이라고 생각했다. 미숙이가 깨어나면 나도 성숙해질 것 같다.

올림픽공원을 달렸다. 올림픽공원은 피를 토해 가며 밥벌이하던 추억의 장소이다. 지금은 장미정원으로 이름이 바뀌었지만, 나는 그곳에서 청소년을 대상으로 레크리에이션 지도를 했었다. 그때는 무보수 노동이 일상이었던 때였다. 학력과 경력이 없었던 내가 그 모든 시간을 견뎌 냈기에 지금의 내가 있다. 그러니 이 시간도 곧 지나가리라. 그런 믿음으로 한발 내디디며 미숙이의 완쾌를 기도하며 달렸다.

84
일 차
5.20

태양은 있다

"언니, 일요일에 어디에서 달릴 거예요? 우리가 거기로 갈게요. 이왕이면 어린이 대공원에서 달려요. 언니도 극복해야지요."

어제는 컨디션이 좋은 것 같았는데, 저녁에 어린이 대공원이라는 말을 듣는 순간 또 명치끝이 막혔다. 왜 나는 어린이 대공원에 가지를 못하고 있는 걸까? 나도 그게 궁금했다. 회피인가 두려움인가? 나도 나를 모르겠다. 세상에는 인생을 두세 번쯤 사는 것 같은 사람들이 있다. 미숙이의 딸이 그랬고, 명화도 그랬다. 웃다가 울기도 하지만 어려서 그런지 참 현명하게 산다. 좋은 습관 방 사람들은 모두 자기 탓이라고 했다. 아무래도 '내 탓이오 모임'이라고 해야겠다. 미숙이를 생각하는 이런 마음들이 미숙이에게 전해져 잘 버텨 줄 거라 믿는다.

오늘은 새벽 5시가 되면 일제히 움직이기 시작하는 트럭들보다 늦게 일어났다. 알람이 울리는 걸 들었으니 말이다. 새벽부터 일렬로 자기 차례를 기다리는 트럭들을 보면 힘이 난다. '나도 열심히 일하자! 일이 없으면 뭐라도 하자! 보람차게, 아자!' 구호를 외치며 호기롭게 나갔는데 너무 춥다. 같이 운동하는 수정이는 음식점에서 뭘 살 때 가격을 보지 않는다는데 나는 날씨를 안 보나 보다. 반팔에 칠부 바지를 입고 나왔다. 그냥 달릴까 하다가 들어와서 바람막이 점퍼를 하나 걸치고 나갔다. 이제 날씨에 관심 좀 두자.

어린이 대공원에 가지 않고부터는 일자산이나 올림픽공원을 달렸다. 오늘은 발길 닿는 대로 달려 올림픽공원 북2문을 지나 성내천 뚝방 길을 지나 아산병원으로 이어지는 벚꽃 길을 달리다가, 한강으로 가기 전에 턴했다. 자전거 도로에 건널목이 있었다. 어젯밤에 자다가 일어나 자전거 전용 도로를 검색해 보았다. 우리나라에는 자전거 우선 도로는 있지만, 자전거 전용 도로는 없다. 라이더들은 자전거 우선 도로를 전용 도로로 읽나 보다. 올림픽공원에 있는 자전거 도로를 보니 정확히 '자전거 및 보행자 겸용 도로'라고 표기

되어 있었다. 그리고 자전거는 시속 20km라고 쓰여 있었다. 나도 자전거를 타 봐서 안다. 시속 20km로 달리면 사고 위험이 줄어든다는 것을. 과속이 사고를 부른다.

아침 6시가 되면 올림픽공원 평화의 광장에서는 에어로빅이 시작된다. 음악에 맞춰 주민들이 춤을 춘다. 음악에 맞춰 달리는 나도 신난다. 오늘도 꺼지지 않는 성화를 보며 내 마음의 기도가 미숙이에게 전해지길 바라 본다. 태양이 안 보인다고 구름 속에 태양이 없는 것은 아니며, 아무리 태양이 뜨겁게 내리쬐어도 어딘가에는 구름 한 점과 시원한 바람이 있다. 그러니 삶은 행복 속에 불행이, 불행 속에도 행복이 있다. 오늘은 오늘의 태양이 떠오르고, 내일은 내일의 태양이 떠오르리라 믿는다.

85
일 차
5.21

그 자리에 있어 준다는 것

오래전 군대에 있을 때 했던 복창 구호 중 '원위치'와 '위치로'가 있었다. 주로 제식 훈련이나 기합을 받을 때 사용한다. 복창 소리가 작고 동작이 느리면 얼차려를 받았다. 원위치는 지금 하던 일을 멈추고 원래의 대열로 모이는 것이고, 위치로는 다시 하고 있던 일을 하는 상태로 돌아가는 것을 말한다. 둘 다 각자의 자리를 찾아가는 말이다. 나는 오늘 원위치로 위치했다. 처음 달렸던 어린이 대공원으로 돌아갔다.

미숙이를 보려고 후배가 왔다. 미숙이 얼굴은 보지 못했지만 딸에게 엄마를 보면 자기가 왔었다는 말을 꼭 해달라고, 의식은 없지만 말은 다 듣고 있을 거라고 했다. 후배는 아버지 이야기를 했다. 뇌수술을 한 뒤 힘든 상황을 넘기고 무사히 퇴원한 이야기이다. 지금 미숙이의 딸에게 꼭 필요한 말이었다. 나는 해 줄 수 없는 이야기, 경험하지 못한 이야기이다. 후배의 집안 사정이 그렇게 힘든 줄은 몰랐다. 5년 동안 중환자실에 있었던 후배처럼 그 친구도 늘 밝은 모습으로 열심히 살고 있었으니까. 덕분에 미숙이 딸은 병원에서의 궁금했던 문제들을 소상히 물어본다. 경험이 누군가에게 또 힘을 준다.

앞산에 꽃이 지누나 봄이 가누나
해마다 저 산에 꽃 피고 지는 일
저 산 일인 줄만 알았더니
그대 보내고 돌아서며
내 일인 줄도 인자는 알겠네.

김용택 〈일〉

세상 모든 일은 저 산의 일이었다. 그러니 공감한다는 것이 얼마나 어려운가? 저 산의 일이 내일이 되면 그때야 조금씩 이해할 수 있는 거다. 둘이 앉아 이것저것 오래도 이야기한다. 엄마를 대할 때 해야 할 일, 동생과의 관계에서 필요한 일들을 자세히도 말해 준다. 지난주에 들었다면 하나도 귀에 들어오지 않았을 텐데, 지금이 딱 후배의 이야기를 들어야 할 때다. 필요할 때 나타난 구세주. 오늘은 후배가 그런 사람이다. 미숙이 딸은 매일매일 기록으로 남기고 있다고 했다. 20대인 미숙이 딸도, 오늘 다녀간 후배도 두 번째 인생을 살아가는 것 같다.

모처럼 저녁 강의를 하고, 깊은 잠을 잤다. 새벽은 늘 깊은 잠에 빠져야 한다고, 이불 속에 더 있으라고 꼬드긴다. 그러고는 햇살이 침대 위에 환하게 들어올 때까지 붙든다. 그러니 해가 들기 전에 일어나자. 어린이 대공원으로 가자. 일제히 움직이기 시작한 포클레인을 보며 바나나를 한 입 베어 물었다. 잘 익은 바나나를 먹으면 아침부터 든든하다. 미숙이가 사고난 지 11일 만에 다시 어린이 대공원을 찾았다. 그동안 평지만 달려서인지 언덕을 오르는데 무릎에 신호가 감지되었다. 발바닥도 아프다. 몸의 왼쪽도 자기가 그곳에 있음을 알린다.

몸이 자신의 위치를 통증으로 알리듯이, 사람도 자기 자리에 있어야 한다. 누군가가 그 자리에 있어 주는 것. 그 자리로 돌아갈 수 있다는 것을 알려 주는 것만으로도 감사한 날이다. 그러니 미숙아, 너도 신속히 원위치하길.

87
일 차
5.23

즐겁고 자유롭게

드디어 미숙이의 의식이 돌아왔다. 내가 내 자리로 돌아갔을 때 미숙이도 자기 자리를 찾고 있었나 보다. 아직 만날 수는 없지만 의식이 돌아왔다는 사실만으로도 감사했다. 신이 우리의 기도를 들어 준 걸까.

미숙이는 더 큰 병원으로 옮겨 치료받기로 했고, 병원을 옮기는 시간만 잘 맞추면 볼 수 있다기에 사람들과 면회를 갔다. 중환자실 문이 열리고 미숙이가 나온다. 어린 두 딸은 엄마의 병원을 옮기는 문제로 여기저기 뛰어다닌다. 미숙이가 나를 알아보는 걸까? 내 말을 들을 수 있는 건가? 간이침대에 누워 엘리베이터를 기다리는 미숙이를 보며 이름을 불러 보고 싶었지만 폐가 될까 봐 부르지 못했다. 그러고는 1층에서 구급차로 이동할 때 용기를 내어 큰소리로 외쳤다. "미숙아 힘내! 우리가 모두 기도하고 있어. 어서 다시 돌아오길 기도할게." 이제 좋아질 날만 남았다.

평소처럼 운동을 마쳤다. 천천히 달려서인지 아픈 곳이 없다. 그런데 음료수를 마시러 가는 동안 또 명치끝이 답답해진다. 이럴 때는 가슴을 활짝 편 채, 잡념을 버리고 몸과 마음이 자유로워지는 상태를 상상하며 이산화탄소와 나쁜 생각을 내뱉는다.

음료수를 마시는데 명원이가 묘비명에 무엇을 쓰고 싶은지를 물었다. 명원이는 "잘살았다."라고 쓰고 싶다기에 나는 "즐겁고 자유롭게 살다 가다."라고 말했다. 그렇게 살고 싶다. 즐겁고 자유롭게, 어디에도 걸리지 않고 훨훨 날아다니면서.

88
일차
5.24

우중 런

어젯밤 잠을 자려는데 메시지가 왔다. “내일 비 예보가 있네요. 갈아입을 옷 챙겨서 시원하게 우중 런을 할까요, 아니면 광진교 밑에서 달릴까요?” 비는 10mm 정도, 기온은 18도가 예정되어 있다. 그러면 시원한 우중 런을 해 보자. 새벽에 눈뜨자마자 핸드폰을 확인했다. 아니나 다를까 메시지가 와 있다. “벌써 비가 오네요. 내일 아침에는 그칠 수도 있지만.” 창문을 열어 보니 비가 그쳤다. 나는 여벌 옷을 챙기지 않고 그냥 나갔다.

그런데 첫 번째 경사로를 올라 내리막길을 달릴 무렵부터 빗방울이 떨어지기 시작했다. 다섯 바퀴를 달리기로 마음먹었는데 벌써 빗방울이 굵어진다. ‘금방 그치겠지.’ 하며 그냥 달렸는데 그치기는커녕 금새 속옷까지 쫄딱 젖어 버렸다. 다 젖어 버렸으니 달리는 일만 남았다. 사람들의 시선이 느껴졌지만, 앞만 보며 달렸다. 세상에 비와 나만 존재하는 것처럼. 다른 팀 러너들이 우산을 쓰고 걸으며 빗속을 달리는 나에게 박수를 보냈다. "진정한 달리미!"라며 응원의 말을 건넨다. 응? 나도 모르는 사이에 어느새 나도 달리미가 된 건가?

어린이 대공원을 네 바퀴째 돌았을 때 나는 비 맞은 생쥐꼴이었다. 처음이었다. 달리기 전에 비가 왔으면 달릴까 말까를 고민했을 텐데, 달리는 도중에 비가 왔기에 가능했다. 빗속으로 뛰어는 건 아무래도 쉬운 일이 아니니까. 달리기는 인생과 정말 많이 닮았다. 뻔히 보이는 위험에는 뛰어들 수 없지만, 위험이 도사리는 걸 알아도 보이지 않으면 뛰어들 수 있는 걸 보면 말이다.

네 바퀴를 달렸는데도 10km가 채 되지 않았다. 후문 끝까지 가지 않아 코스가 줄었기 때문이다. 10km를 채우기 위해 새로운 코스로 접어들어 더 달렸다. 큰길로 나오니 오늘 나온다던 일행들이 있다. 달리기를 멈추고 우산을 쓰고 걷던 일행이 나를 보고 깜짝 놀랐다. "네가 왜 거기서 나와?" 놀랄 만도 하다. 비를 쫄딱 맞은 꼴로 전혀 예상치 못한 곳에서 튀어나왔으니. 동료들은 우중런 현장을 기록해야 한다며 사진을 찍어 주었다. 그런데 오늘 기록 인증은 실패다. 사진을 찍을 때 잠깐 타이머를 꺼 두었는데 다시 켜지 않은 것이다. 200m만 다시 달릴까 했는데 비가 오니 그만두었다.

명순 언니, 동근이, 명원이… 오늘 나오겠다고 했던 사람이 모두 나왔다. 비 오면 나오기 싫을 텐데도 기꺼이 나온 사람들. 미숙이가 다쳤을 때 '내 탓이오 패밀리'로 명칭을 바꿨다가, 미숙이가 의식을 되찾자 '미라클 패밀리'로 명칭을 바꾼 사람들. 오늘은 '위대한 패밀리'라는 명칭 하나 더 추가다. 우리는 모처럼 모여 밥도 먹고 단골 편의점에서 커피도 마셨다. 이야기가 길어지며 커피가 바닥나자, 망설이는 우리를 본 편의점 사장님은 커피를 리필해 주셨다. 와우. 살다 보면 이런 날도 있다. 이런 날, 저런 날. 그런 날들이 모여 인생이 된다. 그러니 지금 이 순간을 충실히 살아 내자.

90
일 차
5.26

드디어 D-10

매일 달리기 90일 차. 매일 달리니 이런 날도 오는구나. 이제부터는 디데이로 세기로 했다. 새벽에 일어나는 좋은 습관을 만들어 보고자 시작한 '매일 새벽 5시 반에 일어나 10km를 100일 동안 달리기'. 이제 끝이 보인다.

조금 일찍 시작하기도 하고 조금 늦게 시작하기도 하고, 적게 달린 날도 많이 달린 날도 있었다. 그리고 그 안에는 기쁜 일도 있었고 슬픔에 빠진 날도 있었다.

매일 달리기 덕분인지 아니면 깊은 슬픔 덕분인지 모르지만 나는 온전한 내가 되어 가고 있다. 내 삶에 두 번 다시 없을 인생을 배운다. 앞으로 또 어떤 일이 벌어질지는 모르지만, 모든 순간을 충실히 살아 내리라. 아모르 파티. 함께였기에 가능한 100일 달리기였다. 함께 달리며 응원해 준 모두에게 감사드린다. 벌써 100일 달리기를 끝낸 기분이다. 미숙이가 재활치료를 끝내고 건강한 모습으로 돌아와 주기를 기도하며, 끝까지 즐겁게 달려 보련다.

92
일차
5.28

여전히 몸이 무겁다

나이 탓일까? 100일 달리기 막판에 와서 이런 말하기 싫지만 여전히 몸이 무겁다. 몸이 가벼워지는 기적은 일어나지 않았다. 여전히 매일 아침에 일어나기 힘들고, 달릴 때는 땅이 발을 잡아끄는 것 같다. 선배는 달리는 자세가 많이 가벼워졌다는데 나는 왜 그러지가 않은지. 연습 부족은 아닌 것 같다. 지금까지 92일을 달렸으니. 그럼 피로 누적인가?

새벽 4시에 눈떴다가 다시 잠들었다. 끝까지 긴장을 늦추면 안 되는데 자꾸 눈이 감겼다. 알람이 운다. 목 놓아 운다. 순간 못 들은 척 더 누워 있을까 고민하다가 일어났다. 생각은 우리의 몸을 제어하므로 누워 있을 생각이 몰려오기 전에 차단해 버려야 한다. 이럴 때 필요한 건 바로 즉각 반응이다. 알람을 끄고 출발!

준비 운동을 마치고 언덕을 올라가는데 몸이 무거운 건지, 힘든 건지 축축 처졌다. 걷고 싶고 멈추고 싶은 유혹이 틈틈이 나를 잡아끌었다. 그럼에도 불구하고 오늘도 10km는 꼭 달릴 거다. 어린이 대공원 후문까지 가기 전에 턴했다. 후문까지 내달렸다가 올라오기 싫었다. 바다 동물원 즈음에서 선배를 만났다. 몸이 무거운 것 같다고 하자 끝나고 알려 준다며 휙 사라져 버린다. 마지막 경사로를 오르는데 선배가 전력 질주로 다가와 매일 같은 거리를 같은 속도로 달려서 힘든 것 같다고 했다. 전에 말한 대로 하루는 빠르게 달리고, 하루는 천천히 달리고, 하루는 언덕을 빠르게 달려 오르고 평지에서 천천히 달리는 훈련을 하란다. 거리도 늘리고 주말에는 장거리 달리기를 하라며 리디아드 훈련법 책을 읽어보았느냐 묻는다. 찔렸다.

생각해 보니, 원래는 주말마다 장거리를 달렸는데 미숙이가 사고 난 날 이후에는 10km만 달렸다. 그래서 내일부터는 리디아드 훈련법 책을 제대로 읽고(그러나 리디아드 훈련법을 정확히 이해한 건 100일 달리기를 마치고 글을 쓰면서부터이다), 도전해 보기로 했다.

93
일차
5.29

하면 할 수 있잖아요

평소보다 일찍 도착해 주차장에서 유튜브로 트로트 공연을 봤다. 나는 우울하고 속에서 무언가가 울컥 올라올 때면 트로트를 듣는다. 노래를 따라 부르다 보면 나도 모르게 차고 오르던 감정이 사라져 버린다. 멀리서 선배가 오는 게 보였다. 차에서 내려 준비 운동을 하고 선배를 따라 출발.

달리다 보면 묘한 우연이 있는 날이 있다. 오늘이 그랬다. 선배와 나의 운동복 상의가 둘 다 노란색이다. 어린이 대공원에서 종종 만나는 라떼 아저씨(가끔 달리다가 만나는 분인데 마라톤 이야기만 나오면 자신의 달리기 대회 경험을 한도 끝도 없이 하신다)도 노란색이다. 한 바퀴 돌고 왔더니 선배가 언덕 훈련을 하자며 나를 기다리고 있다. 첫 바퀴에서 이미 두 번 정도 멈추어 걸었는데 가능할까? 어제 과식도 했다. 그래도 해 보자. 안 되면 걷지 뭐. 마음속에서 끝없이 타협 중이다. 언덕을 빠르게 달려 올라갔다가 내려오니 선배가 또 나를 기다리고 있었다. 혼자 잘만 달리더니 이럴 때는 또 잘 기다려 준다. 선배를 생각해 한번 더 언덕을 따라 달려 올라갔다. 숨이 턱까지 차오른다. 이렇게 숨차게 하는 운동은 오랜만이다. "거 봐요. 하면 할 수 있잖아요. 안 해서 못하는 거예요." 아무래도 선배는 어록집을 하나 만들어도 좋겠다.

그런데 정말 하니까 할 수 있었다. 선배를 따라 달리니 평소보다 빠르게 달리게 되었다. 나는 성장하고 있었다. 나조차도 모르게 천천히. 11km를 목표로 달리는데 150m도 안 가서 1km가 표시된다. 오늘은 덤으로 1km를 선물 받았다. 달리다 보면 이런 날도 있다.

그리고 드디어 미숙이와 영상 통화를 했다. 미숙이의 얼굴을 보다니 기적 같았다. 앞으로 하루하루가 기적이리라. 지금까지는 내가 힘들었지만, 앞으로는 미숙이가 힘들 것이다. 그래도 잘 이겨내고 건강한 모습으로 만날 수 있으리라. 힘내라, 힘!

94
일차
5.30

그렇게 달리는 데도 안 빠져?

막 운동을 나가려는데 아들이 나왔다. 왜 벌써 일어났냐고 하니 안 잤다고 한다. 영화를 한 편 봤는데 새소리도 들리고 엄마가 일어난 것 같아서 나왔단다. "엄마 따라갈래?" 전에 물어봤을 때는 싫다더니 오늘은 웬일인지 옷을 주워 입고 따라나선다. 핸드폰과 아이패드도 챙긴다. 내가 운동하는 동안 아들은 차 안에서 기다릴 참인가 보다. 냉장고를 여니 어제 마트에 들러 사 둔 컵 커피가 보였다. 견물생심이다. 컵 커피를 챙기니 아들이 "이런 음료 마시면 절대 살 안 빠져. 너무 달아. 그렇게 달리고도 살이 안 빠지는 건 이런 걸 마셔서야. 엄마 살이 안 빠지는 거 보면 정말 신기해."라고 한다. 나도 내가 신기하다. 아무래도 나는 코끼리처럼 먹고 사나 보다.

아들과 함께 가다 보니 조금 늦었다. 주차장에 도착해 아들에게 준비 운동을 하라고 했더니, 자기는 그냥 좀 걷다가 차에서 잔단다. 혼자 준비 운동을 하는데 언덕에서 선배가 내려온다. 선배를 따라 막 출발하려던 순간, 또 휙 하니 앞질러 달린다. 오늘은 빨리 달리는 날인가 보다.

첫 바퀴 언덕을 내려가는데 어떤 아줌마가 한소리한다. "오늘은 몸이 무거워 보여. 어제 많이 먹었나 봐?" 들켰다. 두 바퀴째에는 어제 언덕 훈련을 한 덕분인지 속도가 조금 빨라졌다. 세 바퀴째를 돌며 오늘은 다섯 바퀴를 돌기로 마음먹는다. 네 바퀴째 언덕을 오르는데 선배가 보인다. 달려라 달려. 나도 전투력을 장착해 본다. 다섯 바퀴째에는 아침에 먹은 걸 소화시킨다는 생각으로 힘을 냈다. 언덕을 오르는데 타이머가 1km를 알린다. 시간이 많이 단축됐다. 지난번에 한 바퀴를 5분 30초대로 달려 보고 싶다는 말에 "내리막에서 시작하면 할 수도 있어요."라고 한 선배의 말이 생각났다. 지금이 바로 그때다. 딱 1km만 달려 보자.

5분 30초대로 달리기를 목표로 하고 언덕을 달려 내려갔다. 지금까지는 언덕을 내려갈 때 무릎에 무리가 갈까 봐 천천히 달렸는데 오늘은 그 생각을 버리고 도전. 언덕에서도 속도를 줄이지 않고 끝까지 힘을 냈다. 그렇게 두 번째 언덕에 올라 애니메이션 공연장까지 가니 1km 알람이 울린다. 5분 18초! 믿을 수가 없었다. 1km 달리기에서 최고의 기록이다. 달리다 보면 살은 잘 안 빠져도 속도는 빨라진다.

지인에게 100일 달리기의 끝이 보인다고 했더니 돌잔치 이야기를 꺼낸다. 아서라. 매일 달리기는 100일에서 끝낼 거다. 인생 최고의 기록을 세우고 들뜬 마음으로 차에 갔더니 아들이 밥을 먹고 들어가잔다. 기분이 좋아서인지 어제 많이 먹어서인지 배는 고프지 않았지만, 아들이 밥을 먹자고 할 때는 언제나 오케이다. 콩나물국밥을 먹고 싶다고 해서 소문난 맛집으로 데리고 갔다. 이렇게 이른 아침에 밥을 먹는 아들을 본 게 오랜만이다. 오늘은 나와 아들에게 좋은 추억이 될 것 같다.

97
일차
6.2

달리기의 의미

허리도 엉덩이도 아닌, 고관절 부위의 통증이 오늘도 신호를 보낸다. 어젯밤에 마사지를 했는데도 성을 내고 있다. 빨리 달리는 날임에도 불구하고, 마음만 보내고 몸은 뒤따라갔다. 그래도 2km부터는 6분대, 3km는 6분대 초반이다. 달릴 때마다 세 바퀴째가 고비이다. 오늘 10km를 달릴 수 있을까 고민하게 되는 때다. 그러다가 세 바퀴를 넘어서면 더 달릴 수 있을 것 같은 마음이 든다. 하지만 오늘은 아프다고 성내는 고관절을 위해 네 바퀴에서 끝냈다.

매일 100일 달리기 이틀을 남겨 둔 선배에게 "100일이 지나면 뭘 하실 거예요?"라고 물었다. 그러자 선배는 "계속 연습해야

지요. 국토 종단 537km 마라톤도 있고 하니."란다. 선배에게 100일 달리기는 이벤트가 아닌 일상이었다. 100일 달리기의 끝이 보이기는 하지만, 마라톤이 끝나는 건 아니다. 나도 꾸준히 달리긴 할 것이다. 영동 울트라 마라톤에 참여해 도마령에서 별도 봐야 하니까. 선배는 체중도 더 줄인다고 했다. 나도 그러고 싶은데 마음처럼 쉽지는 않다.

돌아오면서 100일 달리기가 나에게 어떤 의미가 있었는지 생각해 보았다. 100일 달리기는 나에게 하루하루 의미를 부여하는 삶을 만들어 주었다. 매일매일 달렸고, 달린 것에 대한 기록을 남기려고 주제를 찾고, 찾은 주제에 의미를 부여했다. 그리고 달리는 동안 충실히 그 시간에 몰입할 수 있었다. 충실히 살고자 한 나만의 방법이었다. 그 모든 것이 모여 나의 100일이 완성되고 있었다. 요즘에는 매일 기도한다. 미숙이의 완쾌와 선배의 낙동강 200km 울트라 마라톤 무사 완주를 위하여.

98
일 차
6.3

열심히 달리다 보니 어느새

98일쯤 달리니 쌓이는 게 있었다. 체력도 쌓이고 마음의 근력도 쌓이고, 피로가 쌓였다. 빠진 것도 있다. 살이 빠졌다. 없어진 것도 있다. 겁이 없어졌다. 피로는 왜 이렇게 쌓이기만 하는지. 밥하는 게 힘들어 외식을 하거나 배달 음식을 자주 먹었다. 아들이 치킨을 먹자고 하면 치킨에 맥주 파티를 벌였고, 식구들과 TV를 보며 이야기를 나누었다. 그렇게 즐거운 저녁을 마치면 바로 잠이 들었다.

눈을 떴지만 일어날 생각은 없다. 1분, 2분 시간 세기에 돌입했다가 4시 50분에 일어나 10분간 책을 읽었다. 그리고 출발. 평소보다 일찍 도착해 아픈 고관절을 위해 스트레칭을 공들여 했다.

오늘은 천천히 달리는 날이다. 아니, 천천히 달릴 수밖에 없는 날이다. 세 바퀴째에는 멈추고 싶다는 강렬한 충동이 일었다. 그래도 할 건 해야 하니 끝까지 달렸다.

많은 사람이 마라톤을 할 때 가장 힘든 순간을 현관에서 러닝화를 신고 밖으로 나서는 때라고 한다. 나는 처음 3km를 달리는 시간이 가장 힘들다. 일단 3km를 넘기면 순조롭게 달릴 수 있다. 강의도 그렇다. 처음 5분을 어떻게 진행하느냐에 따라 전체 강의의 질이 결정된다. 세 바퀴째에 정문 즈음에서 건대 에이스 클럽 회원을 만났다. 늘 휙 지나가는 모습만 봤는데 오늘은 뒤따라와 말을 건다. "되도록이면 우레탄 길로 달리세요." 예전에 광진교에서 만난 아저씨도 똑같이 말한 적이 있다. 나는 그 말에 우레탄 길로 달렸다.

마지막 바퀴는 힘들어도 목표가 있으니 달린다. 무엇도 나를 막을 수 없다. 무슨 일이 생겨도 앞으로 10km는 거뜬히 달릴 수 있을 것이다. 이만큼 귀한 자산이 있을까. 98일을 달리고 나니 피로도 인정할 수 있는 여유가 생겼다. 피로가 쌓이는 것 같다는 내 말에 선배는 "긴장이 풀려서 그런 거 아니에요?"라고 되물었다. 그 말도 맞다. 100일이 끝나가고 있었고, 미숙이도 좋아지고 있어서 한시름 놓았다. 그리고 잠을 조금씩 푹 잘 수 있었다. 그래서 오늘 더 열심히 일할 수 있다.

일기에 갑자기 D-2를 쓰려는데 갑자기 가슴속에서 뭔가가 욱하고 밀려 올라온다. 뭐지. 순간의 느낌. 이제 이틀이 남았구나. 내일은 오전과 오후에 강의가 있어서 인증 사진만 남기고 와야 할까 싶었는데 5km를 달리기로 했다. 선배와 명원이도 함께. 그리고 6시에 끝내는 걸로. 내일은 선배의 100일 달리기가 끝나는 날이다. 함께하기로 하고 비가 온다고 하루 쉬었더니 이런 일이 생긴 거다. 그러니 내일을 위하여 오늘도 맑음.

99
일차
6.4

선배의 100일

드디어 선배의 100일이다. 그런데 강의가 잡혔다. 그것도 오전과 오후 풀 강의다. 100일 축하도 해야 하고, 지방에 있는 강연장으로 아침 일찍 출발도 해야 해서 고민하다가 그래도 달리기로 했다. 4시 반에 집을 나섰다. 캄캄하다. 이런 캄캄함은 오랜만이다. 어린이 대공원은 5시 전에 문을 연다. 벌써 여러 사람이 오간다. 천천히 몸을 풀고 달리기 시작했다. 한 바퀴를 돌고 후문에서 선배를 만났다. 마지막 날이니 동반 주로. 그런데 후문에서 화장실로 간다. 매일 아침 화장실 가는 습관이 부럽다. 다음 100일은 아침마다 화장실 가는 걸로 해 볼까?

두 바퀴 돌고 후문에 도착하니 명원이와 동근이가 몸을 풀고 있었다. 인사를 하고 웃고 떠들다가 출발했는데 선배가 다시 나타나 우리를 앞지른다. 뒤따라 달리는데 선배의 속도가 빨라진다. 세 명이 처지고 있었다. 그때 명원이가 "마지막 날이니 우리 같이 달려 봐요!"라며 속도를 높였다. 빠르다. 명원이는 처음부터 잘 달렸고 지금도 잘 달린다. 정문 언덕을 지나 드디어 선배를 따라잡았다. 그렇게 땡칠이가 되어 마지막 동반 주를 마치고 선배의 100일은 끝이 났다.

선배는 내일 200km 울트라 대장정에 나갈 예정이다. 선배와 함께 달린 100일은 진정 즐겁고 행복한 시간이었다. "한번 해 볼래요?"라는 말로 100일 달리기라는 잊지 못할 추억도 선물해 주었다. 감사함에 또 가슴이 벅차다.

100
일차
6.5

The end… and

드디어 100일이다! 뭔가 근사하게 시작하고 싶었지만 어제와 다르지 않게 달렸다. 혼자 충실히 한 바퀴를 돌고 두 번째 바퀴는 명원이와 동근이랑 함께 달렸다. 10km를 채울까 하다가 오늘은 특별한 날이니 그동안 어린이 대공원에서 안 가 본 곳을 가 보기로 했다. 상황에 따라 유연하게 대처하자. 나도 조금은 걷고 싶었나 보다. 어린이 대공원 이곳저곳을 돌았다. 100일을 달리고도 보지 못한 마트가 보였다. 속도가 바뀌니 시선이 바뀌는구나. 축하사절단을 자청한 미라클 패밀리와 새벽부터 오후까지 함께 시간을 보냈다. 즐겁고 행복한 하루였다.

달리고 걷고 찍고 찍히고 떠들고 웃고 배우고 함께 슬퍼하며 100일을 보냈다. 그러나 이제 또 무언가를 시작해야 할 것 같다.

끝은 또 다른 시작이니. 내 인생 최고의 순간, 이런 걸 화양연화라 말하는 거겠지.

커피를 마시려고 한강이 훤히 보이는 자리로 옮겼다. 유유히 흘러가는 한강과 강변을 걷는 사람, 자전거 타는 사람, 달리는 사람을 보며 수정이가 "마라톤은 흙수저 운동 같아. 남들은 다 여유로워 보이는데 마라톤은 불쌍해 보여." 그리 말하니 그렇게 보였다. 걷는 사람과 자전거 타는 사람은 여유로워 보이는데 달리는 사람은 힘들어 보인다. 우리가 저렇게 힘든 운동을 100일이나 한 것이다.

100일 동안 총 1,180.95km를 달렸다. 시작이 있으면 끝이 있는 법이다. 그리고 그 끝에 서면 새로운 길이 보인다. 당장 무엇을 할 것도 아니고, 100일을 달렸다고 해서 세상이 변한 것도 아니지만, 나는 안다. 세상은 변하지 않아도 나는 변한다는 것을. 이제 그 무엇도 하지 않을 자유와 모든 걸 할 수 있는 자신감을 얻었다. 나는 나를 넘어섰다.

CHAPTER

4

다시 꿈을 꾸다

이왕 시작한 거

딱, 100일만

달려 볼게요

01

100일의 배신

100일 달리기가 끝났다. "100일을 달렸더니 좋은 습관이 생겼다. 아침에 알람 소리를 듣지 않고도 벌떡벌떡 일어날 수 있게 되었고, 더 빨리 더 멀리 달릴 수 있게 되었으며, 체력이 좋아져 매일 에너지가 샘솟는 느낌이었다. 유산소 운동이라 다이어트에 효과가 있으니 몸이 날씬해졌다."라고 말할 수 있을 줄 알았는데…, 그런 일은 일어나지 않았다.

100일 달리기를 마친 다음 날, 일찍 일어나지 않아도 된다는 사실에 입꼬리가 귀에 걸렸다. 침대와 한 몸이 된 나는 세상 부러울 것 없는 느긋함과 여유를 느꼈다. 좋은 습관을 만들기 위해 100일을 달렸다는 사실을 깡그리 잊기에 충분했다.

브라이언 트레이시는 중간 정도의 복잡성을 띈 습관을 형성하는 데는 21일 정도가 걸린다고 했다. 중간 정도의 복잡성을 띈 습관이란 '아침 운동하기, 미리 하루를 계획하기, 무언가를 시작하기 전에 이전 과제를 해결하기' 같은 것들이다. 반복과 연습이 이러한 습관을 14~21일 만에 습관으로 만든다. 그러면 21일보다 세 배가 넘는 날들을 일찍 일어나 달렸으면 당연히 습관으로 만들어져야 할 일이 아닌가. 그러나 나는 이제 끝이라고 생각해 더는 일어나지 않는 것만으로 기쁨을 느꼈다. 좋은 습관이 성공과 행복을 가져오고, 습관은 반복과 연습을 통해 학습할 수 있다고 했는데 어찌하여 나는 100일을 달리고도 습관이 만들어지지 않은 것일까? 그런데 말이다. 정말 만들어지지 않은 것일까? 이제 새벽에 일어나는 건 언제든 마음만 먹으면 일어날 수 있고, 10km도 언제든 달릴 수 있다. 풀코스를 달리는 것도 가능해졌다. 100일의 배신이라고 생각한 건, 아침에 일찍 일어나야겠다고 마음먹지 않았기 때문이라는 걸 안다. 100일 달리기의 결과는 마음먹으면 언제든 할 수 있다는 자신감이 생긴 것이다.

한번 생긴 습관은 사라지지 않는다. 오랜 습관을 중단하고 새로운 습관을 들인다고 해도, 오랜 습관이 영영 사라지지는 않는다. 과거의 습관은 과거의 자극이 반복될 때 언제든 다시 등장할 기회를 엿보며 수면 아래에 잠복하고 있다. 그러니 100일을 달렸다고 마음을 놓으면 다시 옛 습관이 수면 위로 올라와 새 습관을 잠식해 버릴 것이다. 50년이 넘도록 반복한 일상이 100일 반복했다고 바뀐다면 세상에 바뀌지 않을 사람이 없을 것 같다. 그러나 새 습관이 완벽하게 몸에 배지 않았을지라도 100일의 반복을 통해 새로운 씨앗 하나를 몸속 어딘가에 저장해 두었다. 그러므로 앞으로 내가 원하고 의식하면 씨앗에서 싹이 터 행동으로 연결될 것이다.

100일을 달린 이유는 달리기를 좋아해서도 아니고 달리기에 대한 지식이 있어서도 아니었다. 달리기는 단지 좋은 습관을 하나 만들어 보고 싶어서 선택한 도구였다. 이 나이에 좋은 습관을 만들어 무얼 하냐 물을 수도 있겠다. 50세란, 노화라는 긴 월동 기간을 준비해야 하는 시기라는 통념이 있기 때문이다. 심리학자 엘렌 랭거는 인간이 나이 드는 과정을 쇠퇴로 느끼는 이유 중 하나를 '나이가 들면 정신적, 사회적으로 적응력이 떨어진다'라고 배웠기 때문이라 지적했다. 살아오면서 몸이 미처 느끼기도 전에 머리로 인식한 노화는 2차 성장을 가로막는 걸림돌이 된다.

모두가 갱년기를 겪지는 않을 것이다. 그러나 우리는 유전과 자신의 역량을 생각하기보다 배운 대로 또는 고정관념과 문화적으로 답습한 낡은 각본을 받아들인다. 왜 그런 현상이 일어나는지 파악하지 않고 으레 나이가 되어 그런 거라 단정 지어 버린다. 달리기는 그런 내 삶의 돌파구였다. 갑자기 터져 버려 홍수처럼 쏟아진 시간과 하루하루를 무의미로 채우던 시간을 달리기로 채우며 무언가 했다는 보람과 의미를 만들었다.

사람은 현 상태에 머물기보다 앞으로 나아가려는 의지를 가진 존재다. 죽을 때까지 완성을 위해 자신을 단련한다. 그러기 위해 과거의 나쁜 생각과 습관을 버리고 새로운 것을 익힌다. 그런데 나이 50이 넘으면 그간의 습관을 웬만해서는 바꾸기가 어렵다. 그러나 나는 여전히 더 나은 사람이 되기 위해 좋은 습관을 만드는 걸 포기하고 싶지 않다.

습관은 어렵고 탁월한 것일수록 오랜 시간이 걸린다. 어쩌면 죽을 때까지 반복해야 할 수도 있다. 그렇더라도 도전하고 싶다. 남아도는 시간에 우울이라는 마음과 친해지기보다는 살아 있는 단 한 순간이라도 가슴 뛰는 삶을 살고 싶다.

02

처음으로 원피스를 입다

하얀 칼라에 검은색 플레어스커트. 교복이라고 하면 떠오르는 이미지다. 내 생애 첫 치마는 중학교 때 입던 교복이다. 그런데 3학년 때 교복이 자율화되면서 자연스럽게 바지를 입게 되었다. 두 번째 치마는 군복이다. 당시 여군의 정복과 근무복은 치마였다. 이후로는 치마를 입어 본 적이 없다. 남편도 내가 치마 입은 모습을 본 적이 없다. 아들이 중학생일 때 치마를 입어 본 적이 있긴 한데, 아들은 다른 옷으로 갈아입으면 안 되냐며 무척 어색해했다.

그러던 내가 53년 만에 처음으로 원피스를 입었다. 대학원 후배들과 《행복 노마드》라는 책을 내고 출판 기념회를 하려 큰마음 먹고 구매한 원피스였다. 주변에서 치마를 입어 보라고 해서 백화

점에 갔는데, 처음에는 검은색의 넉넉한 원피스를 골랐다. 고민이 되어 패션 감각이 뛰어난 후배에게 전화했더니 "부잣집 사모님들은 헐렁한 옷을 안 입어. 몸에 꼭 맞는 옷을 입지. 매일 입는 것도 아니고 잠깐 입는 건데 남들하고 다른 걸 입어 봐."라고 했다. 정말 큰 용기를 내어 옅은 보랏빛의 원피스를 골랐다. 당당히 옷걸이에 걸려 있는 옷이었다.

그런데 집에 와서 다시 입어 보니 후회가 밀려왔다. '내가 무슨 짓을 한 거지? 이걸 어떻게 입으려고 샀지? 딱 봐도 한 번 입고 안 입을 것 같은데. 한 번 입으려고 이 비싼 옷을 샀나.' 고민이 깊어지는데 후배가 한마디 보탰다. "언니, 나는 비싼 옷이랑 한 번밖에 안 입은 옷이 옷장에 수두룩해." 그 말에 다시 용기를 내어 남편과 아들 앞에 섰다. "어때? 괜찮아?" 반응은 의외로 나쁘지 않았다. 그러면 용기 내어 입어 보자. 언제 또 이런 옷을 입을까?

출판 기념회에 원피스를 입고 갈 거라는 내 말에 늘 딱 떨어지는 정장을 입고 다니던 만학도의 제자가 말했다. "교수님. 원피스 입을 때는 전날 저녁 한 끼는 굶어야 합니다." 역시 여성스러워지는 건 쉽지 않다. 다소 몸에 끼는 옷이기에 저녁은 적게 먹었다. 걷는 것도, 차를 타고 내리는 것도 모두 자유롭지 않았다. 사람들이 다 나만 보는 것 같았다. 이럴 때는 구석에 처박혀 있는 게 제일 좋은데 그날은 내가 주인공이라 앞에 나서지 않으면 안 되었다. 모르겠다. 일단 자신감을 가지고 당당하게 나가 보자. 그렇게 무사히 53년 만에 처음으로 원피스를 입고 출판 기념회를 마쳤다.

첫 경험은 누구나 나와 같을 것이다. 어색하고 불편하며, 다들 나만 쳐다보는 것 같을 수도 있다. 그러나 막상 해 보면 의외로 아무것도 아니거나 반응이 좋을 수도 있다. 살면서 나만의 고정관념에 사로잡혀 시도조차 못 하거나 도전하지 못한 일이 얼마나 많은가?

나는 한여름에는 원피스가 편하고 시원하다는 말을 이제는 이해하게 되었다. 그 후로 원피스를 몇 벌 더 샀다. 그리고 이제는 조금 편하게 원피스를 입고 외출할 수 있는 사람이 되었다.

03

두려움 극복하기

"자신 있습니까?"

"자신 있습니다!"

"뛰어!"

유격 훈련에서 장애물을 통과할 때 내가 받은 질문과 내가 외친 대답이다. 지금도 쟁쟁하게 들린다. 그러나 자신 있다고 대답한 것과 달리 외줄 통나무를 타다가 흙탕물에 빠지고, 팔 힘이 없어 매달리기에서도 맥없이 떨어지기 일쑤였다. 그러나 말은 늘 자신 있다고 했다. 그래야 했으니까. "자신 있습니까?"의 최고봉은 막타워를 할 때였다. 인간이 가장 공포심을 느낀다는 지상 11m. 건물 4층 높이의 모형 탑에서 떨어지는데, 안전장치를 하고 있는데도 너무 무서웠다. 지금도 그 생각을 하면 오싹하다. 당시 나는 고소 공포증이었는지 높은 곳에 올라가는 것도, 뛰어내리는 것도 힘들었다.

그러나 뛰어야 했다. 나는 군인이니까. 그날 이후 나는 높은 곳에 올라가거나, 높은 곳에서 아래를 내려다보는 일은 하지 않았다. 가족끼리 야경을 보러 가면 남편과 아들은 높은 곳에서도 아랑곳없이 조망의 즐거움을 누렸지만 나는 그러지 못했다. 둘은 롯데타워의 투명한 스카이워크에서 사진을 찍고 노는데 나에게는 그림의 떡이었다. 높은 곳에 올라가는 것도 무섭지만, 출렁다리를 건너는 건 최악이었다. 아주 오래전에 캐나다 카필라노에 있는 서스펜스 브릿지를 건넌 적이 있다. 다리를 건너야 차를 탈 수 있는데, 나는 다리 밑의 아찔한 협곡을 보는 것만으로도 오금이 저렸다. 그곳에서 수많은 심리학 실험이 이루어졌다니 엄청나게 출렁대는 다리였을 것이다. 어쨌든 나는 두 눈을 질끈 감고 최대한 사람이 지나다니지 않을 때를 공략해 건넜다. 사람이 없어야 덜 흔들거려서 선택한 방법이었다. 요즘은 우리나라에도 출렁다리가 많이 생겼다. 원주 소금산, 마장호수, 감악산의 까마득한 절벽과 강은 출렁다리 위에서 장관을 펼쳐낸다.

몇 해 전, 가족들과 소금산 출렁다리에 간 적이 있다. 개장한지 얼마 안 되어 무료였다. 그러나 나는 산에만 오르고 출렁다리는 무서워서 건너지 않았다. 그랬던 내가 100일 달리기를 시작한지 얼마 안 되었을 때 남편에게 마장호수 출렁다리에 가자고 제안했다. 남편은 깜짝 놀라 물었다. "괜찮겠어?" 나도 어디서 그런 용기가 나왔는지 모르겠다. 그냥 한번 가 보고 싶었다. 건널 수 있을 것 같았다.

3월의 마장호수는 바람이 거세고 사람이 많았다. 나는 그냥 건넜다. 다리 아래로 푸른 마장호수가 출렁이고, 다리는 사람들이 한발 한발 뗄 때마다 출렁였다. 거기다 바람이 다리를 무섭게 흔들어댔다. 그런 다리를 그냥 건넜다. 돌아보니 남편이 놀라고 있었다. 왠지 모를 뿌듯함이 몰려왔다. 누가 보면 그게 뭐라고 그러느냐 웃을지 모르겠지만 나에겐 위대한 도전이었고 모험이었다. 6월에는 감악산 출렁다리를 건넜다. 마장호수보다 몇 배는 높은 출렁다리였다. 나는 그곳에서 사진을 찍고 아래를 내려다보며 즐겼다. 이제는 무섭지 않다. 세상 어떤 높은 다리라도 건널 수 있을 것 같은 자신감도 생겼다. 이런 자신감은 도대체 어디서 나온 걸까? 100일 달리기를 시작하고 나는 확실히 변했다.

04

행동이 먼저다

달리기를 시작하고는 자전거를 거의 타지 않았다. 복장만 갖춰서 나가면 되는 달리기와 달리 자전거는 장비를 갖춰야 한다. 헬멧을 쓰고 햇볕을 가릴 두건과 장갑, 그리고 제일 중요한 자전거를 가지고 나가야 한다. 아무리 좋은 운동도 번거로우면 하지 않게 된다. 그러니 쉽게 접근할 수 있고 좋아하는 운동이 최고다. 자전거는 기구이므로 닦고 조이고 기름칠하지 않으면 먼지가 쌓이고 녹스는 건 당연하다. 나의 교육 철학이기도 한 '닦고 조이고 기름치자'는 기계뿐 아니라 사람간의 관계도 그리 하자는 말이다. 그만큼 나를 만들어 가고, 사람과의 관계를 맺는 일에는 노력이 필요하다. 자전거를 타지 않으니 자전거에 먼지가 쌓여 갔다. 닦는 건 할 수 있어도 기름칠하는 건 어렵게 느껴졌다. 그냥 기름을 사서 바르면 된다는데 도대체 어디를 어떻게? 자전거를 타는 지인은 그렇게 쉬운 일을 왜 못하냐고 성화다. 그러나 한번도 해 보지 않은 사람에게는 어디에서 기름을 사야 할지부터 막막하다. 즉, 익숙하지 않아서 벌어진 일이다. 결국, 나는 자전거를 끌고 자전거 수리하는 곳으로 가서 돈 주고 기름을 쳤다.

이제 좀 타 줘야 한다. 기구도 사람도 사용하지 않으면 고장이 난다. 기름칠한 기념으로 미사리로 라이딩을 하러 갔다. 하늘은 높고 강물은 푸르렀다. 거꾸로 강을 거슬러 오르는 연어처럼 힘차게 페달을 밟았다. 그러다 문뜩 "탑을 입어 볼까?"라는 생각이 들었다. 아니, 이럴 수가. 어떻게 그런 생각을 한단 말인가? 조금이라도 몸이 비치거나 몸매가 드러나는 옷은 절대로 안 입고, 목둘레가 파여 가슴골이 조금이라도 보일라치면 단추를 꼭꼭 잠그는 사람이 무슨 탑을 입을 생각을 하느냔 말이다. 웃음이 났다. 내가 이런 생각을 다 하다니. 살다 보니 이런 변화도 있구나. 그럼 뱃살이 출렁이더라도 도전해 볼까?

탑을 입는 게 대수냐고 생각할 수 있지만 나에게는 위대한 도전이다. 누구에게나 넘지 못하는 유리벽이 있듯이, 나에게는 탑이 그렇다. 한발 떼어 내디디면 되는데 그게 안 된다. 집에 돌아와 남편에게 “나 탑 한번 입어 볼까?”라고 물었더니, 남편은 “입어 봐. 그런데 뱃살이 출렁이는 건 곤란해.”라며 얼마 전 산에서 있었던 일을 이야기했다. 등산하는데 탑을 입은 할머니를 보고는 다들 뱃살 때문에 한마디씩 하더란다. 그런 시선에 할머니와 함께 산에 오르던 동료도 창피해했다고 덧붙였다. 좋아 보이지는 않았다는 건 이해했다. 사람들의 시선을 견딜 수 있으면 입으라는데 아무래도 나는 뱃살 관리를 조금 하고 입어야겠다. 적어도 같이 있는 사람들에게 창피함을 안겨 주면 안 되니까.

생각이 행동을 변화시키고, 습관이 운명을 만든다고 하지만 그게 어려운 일이라는 건 말하지 않아도 알 것이다. 생각을 행동으로 옮기는 시간이 가장 오래 걸린다. 군에서 배웠던 즉각 반응이 좋은 이유는 이런 시간을 단축해 준다는 데에 있다. 생각은 잡념이라는 그물로 사람을 얽어서 옴짝달싹 못 하게 하지만, 행동은 그물을 피할 수 있게 한다. 즉, 행동을 바꾸면 생각도 바뀌어 우리가 그토록 원하는 운명의 변화도 맛볼 수 있게 한다. 그러니 행동부터 해 보자. 나에게는 달리기가 그랬다. 고민하지 않고 달렸다. 덕분에 나는 일생일대에 해 보지 않았던, 죽을 때까지도 꿈꿔 보지 않았던 생각을 하게 되었고, 조금씩 변화하게 되었다.

05

매니큐어를 지우는 데도 돈이 든다고요?

코로나19가 장기화되면서 우리 마라톤 클럽은 각자 연습 후 기록을 공유하는 방식으로 진행해 왔다. 그리고 줄줄이 마라톤 대회가 취소되며 달릴 목적을 찾지 못하는 사람들을 위해 언택트 대회를 개최했다. 종목은 남녀 5km, 10km, 하프코스, 풀코스이고, 상품은 지역 상품권으로 정해졌다. 그리고 여성부 1위 상품은 젤 네일 시술권이었다. 살면서 네일숍에 가 본 적이 한 번도 없는데, 기회는 이때다. 도전!

나는 그간 매니큐어를 바르지 않았다. 답답하기도 하고, 컴퓨터 키보드를 누르는 게 불편해 발랐다가도 바로 지워 버리고는 했다. 그러다가 지인이 빨간 스티커 네일을 붙여 주었는데, 꽤 예뻤다. 동생에게 빨간 손톱을 보여 주니, 매니큐어도 안 바르는 사람이 별걸 다 한다며 깜짝 놀랐다. 그러나 한 번의 경험이 도전을 부르는 법이다. 전문가에게 손톱을 관리 받아 보고 싶었다. 1등 경품도 걸려 있으니 한번 해 보자. 그러나 대회가 있는 날에는 지방에 강연이 있어서 서울에 오면 밤 9시를 훌쩍 넘길 것 같았다. 그리고 정말 일정을 마치고 돌아오니 푹 절인 배춧잎처럼 몸이 생기를 잃어 갔다. 피곤했다. 그래도 달리러 나갔다. 내가 하기로 했으니까. 5km만 달려 보자. 올림픽공원을 한 바퀴 돌면 5km이다. 한국체대 앞에서 달리기 시작했다. 분명히 못 달릴 것 같았는데 달리니 또 달려진다. 몸이 앞으로 나아간다. 그렇게 1km를 7분 안에 달렸다. 1km를 조금 더 빠르게 달려 보자. 5km를 28분대에 달렸다. 내 인생 최고의 기록이다. 나중에 기록을 보니 여성부 5km에서 내가 일등이었다. 드디어 네일숍에 갈 기회를 얻었다.

그러나 상품권을 받고 막상 네일숍에 가려니 용기가 안 났다. 마라톤 클럽 친구를 꾀었다. 그러나 친구는 당일에 갑자기 일이 있어서 못 가게 되었다. 좌절이다. 에이, 가지 말자. 안 가면 그만이지. 그때 후배에게 전화가 왔다. 이런저런 이야기를 하다가 네일숍 이야기를 했더니 후배가 흔쾌히 같이 가 준다고 했다.

네일숍에 가서는 깜짝 놀랐다. 네일 아트 종류가 그렇게 많은

지, 젤 네일은 뗄 때도 돈이 드는지 처음 알았다.

네일 아트를 받은 첫날은 기분이 좋아서 답답함을 참았다. 그런데 둘째 날부터는 너무 답답해서 온 신경이 손톱에 쏠려 아무것도 할 수 없었다. 그래도 아까우니 참자. 답답해서 일어나 밖을 조금 걸었다. 지울 때도 돈이 든다니 더 참아 볼 요량이다.

지금 이 글을 쓰는 동안 내 손톱은 보라색이다. 하얀 자판을 이리저리 옮겨 다니는 손톱을 보는 기분도 나쁘지 않다. 손톱이 답답하다고 아우성이지만 조금 더 참아 보련다. 여자들이 예뻐지기 위해 하는 노력과 인내를 이 나이에 새삼 알아가다니. 그래도 기분이 좋다. 이 나이에라도 해 보게 되어서.

06

뚱뚱해도 건강할 수 있다

"40대 중반이 넘어가니 몸의 변화가 찾아왔고, 50세가 넘으니 마치 버려진 사람이라는 생각이 들었다. 나 자신이 초라하게 느껴지고 인생을 잘못 산 것 같았다." 50대에 피트니스 대회에 출전하기 위해 운동을 시작한 배우 황석정 씨의 말이다. 입상에는 실패했지만 50대에도 멋진 도전을 할 수 있다는 걸 보여 준 그녀는 많은 사람의 관심을 받았다. 그녀는 인터뷰를 통해 "이번 도전을 시작으로 죽을 때까지 변화를 시도하고, 성숙하기 위해 과감한 도전을 멈추지 않을 예정이다. 그런 모습을 보고 사람들이 힘을 내고 용기를 얻었으면 좋겠다."라고도 했다. 평소 내가 좋아하던 배우가 50세가 넘어 피트니스 대회에 출전했다는 것은 귀감이 되었다. 운동을 시작한 데에 아낌없는 박수를 보낸다.

죽을 때까지 변화를 시도하고 성숙하기 위한 과감한 도전. 좋은 습관 만들기도 그와 같은 맥락이다. 나이가 들면서 몸의 유연성이 사라지듯 생각의 유연성도 사라져 '라떼는 말이야'를 달고 사는 삶이 아니라, 지킬 것은 지키고 변화는 받아들이는 유연성을 겸비한 삶을 살고 싶다. 달리기는 나에게 그런 도구였다. 이 나이에도 10km씩 100일을 달리는 것이 가능하다는 사실을 알았고, 안되는 게 없다는 것도 알았다. 그리고 평생 내 안에 여성성을 깨우지 못할 것 같았는데 달리기로 인해 그도 조금씩 깨 나가고 있으니 좋은 징조다. 그런데 남들은 운동하면 자연스럽게 다이어트가 되어 나이가 들어서도 몸짱이 되고, 보디 프로필을 찍는다는데 나는 어찌 된 일인지 100일을 달리고 3kg밖에 빠지지 않았다. 게다가 매일 달리기가 끝나자마자 빠르게 원상 복귀가 되었다.

유산소 운동은 원래 다이어트에 효과적이다. 특히 달리기는 매우 좋은 유산소 운동이고, 공복이 달리면 더 효과가 좋다. 그런데 나는 공복 달리기에도 전혀 다이어트 효과가 없었다. 체육학 박사가 아무래도 참여 관찰로 나를 연구해 봐야겠다고 할 정도였다. 100일이 지나고 왜 살이 빠지지 않았는지를 돌아보았다. 첫째는 다이어트가 아니라 좋은 습관을 만들겠다는 목표가 설정되어 있었고, 둘째는 100일이라는 기간을 매일 달리려다 보니 잘 먹은 탓이었다. 게다가 나는 맥주를 아주 좋아하고 사람도 좋아한다. 달리기로 날씬해지지는 못했지만 이유를 알았으니 다음에는 다이어트를 위한 달리기에 도전해 보는 것도 좋겠다. 날씬한 걸 원한다면 말이다. 그러나 태어나서 지금까지 이 상태인 걸 보면 날씬한 몸보다 건강한 몸으로 살라는 신의 계시라 믿고 '팻 앤드 핏'으로 살기로 했다. 체중이 많이 나가더라도 규칙적으로 운동하면 건강하다. 나는 뚱뚱해도 즐겁고 건강하며 자신감 넘치는 삶을 살 것이다. 그런 사람이 되련다.

그러다가 날씬해지길 원하면 나쁜 식습관과 생활방식을 개선하고, 스트레스와 체중 관리를 하면 된다. 습관을 만드는 일도 다이어트도 쉽지 않다. 어쩌면 그 고통을 삶의 동반자로 받아들여야 할 것이다. 조금 늦은 나이라지만 도전하기 딱 좋은 50세의 황석정에게 박수를 보낼 수 있는 건 같은 세대로서 같은 시기를 살고 있다는 동질감의 발로일 것이다.

07

프라우다의 시간

나이가 들면 가장 풍족하게 누릴 수 있는 것 중 하나가 시간이다. 많은 사람이 시간 관리의 중요성을 이야기한다. 젊을 때는 단시간에 원하는 목표에 다다르기 위한 시간 관리가 필요하고, 나이가 들면 행복한 삶을 살기 위한 시간 관리가 필요하다. 인생의 절반이라고 하는 50세는 바쁨에서 한가함으로의 전환기를 맞이하게 된다. 열심히 살았기에 목표를 하나둘 이루었고, 아이도 장성해 더는 내 손을 필요치 않게 된다. 누군가를 위해서 살던 시간을 이제는 온전히 나를 위한 시간으로 전환해야 한다.

그런데 이러한 전환기를 우리는 긍정적으로 받아들이기보다는 부정적으로 받아들이는 경우가 많은 것 같다. '갱년기, 중년의 위기, 빈 둥지 증후군'이라는 말을 듣고 사니 나이가 들면 으레 그래야 한다고 생각하는 것이다. 문화에 의해 노화하고, 나이에 의해 신체적, 정신적, 사회적 적응력이 떨어져 중년의 삶을 보내는 걸로 길들었다. 아홉수와 마흔이라는 말도 그렇다. 아홉수에는 조심해야 하고, 마흔이 되면 세상이 변하는 줄 안다. 그러나 실제로는 그렇지 않다. 노력을 통해 나이가 드는 것을 긍정적인 방향으로 바꿔야 한다. 사회가 규정한 대로, 듣고 자란 대로 받아들이기보다 '성공적인 나이 듦, 더 성숙한 단계로 나아가기 위한 전환기, 온전히 나에게 집중할 수 있는 시기'로 바라보아야 한다.

우리나라에만 나이에 의한 구분이 있는 게 아니다. 유럽에서도 나이로 생애 주기를 나눈다. '퍼스트 에이지(First age)'는 0~20세까지를 말하며 부모에 의해 삶이 결정되는 시기이다. 이 시기에는 배움을 통한 1차 성장을 경험한다. '세컨드 에이지(Second age)'는 20~40세로 자신의 노력 여부에 따라 삶이 달라지는 시기이다. 가장 폭발적인 생산성을 발휘하며 가정과 직장, 지역 사회에서 안정을 이루는 단계이다. 다음 단계는 '서드 에이지(Third age)'로 40~70세를 말한다. 그간 닦은 삶의 기반을 통해 쭉쭉 뻗어 나갈 수 있는 자아실현의 단계로 제3의 성장기를 맞이해 인생을 통합하고 성공적인 나이 듦으로 향하는 과정을 지난다. 마지막 '포스 에이지(Fourth age)'는 노화의 단계로 성공적인 나이 듦을 실현해 가는 단계이다. 그나마 유럽에서는 갱년기를 서드 에이지로 긍정적인 방향으로 해석해 놓았다.

코로나19는 삶의 전환기인 서드 에이지에 접어든 나에게 새로운 기회로 다가왔다. 앞으로 다가올 더 큰 시간의 홍수에 미리 대비할 수 있는 시간은 아무에게나 주어지는 게 아니라, 미리 변화를 준비하는 사람에게만 주어지는 기회이다. 물론 이 시기를 이용해 경제적 부와 성공을 이룬 사람도 있다. 그러나 나에게는 내면의 나를 더 단단하게 만든 시간이었다. 무엇이든 도전할 수 있는 시기, 나를 발견하고 발전할 수 있는 시기 말이다.

누구나 지나가는 시기를 부정적인 단어보다는 긍정적인 단어로 받아들이고, 사회에서 규정해 놓은 것이 아니라 스스로 느끼고 깨달아 가는 삶, 온전히 나에게 집중하는 삶을 원한다. 나에게 중년의 나이는 그런 과정이다. 삶의 전환기라 해도 좋고 서드 에이지라 해도 좋지만 나는 지금의 시기를 '프라우다(Pravda)의 시간'이라고 하고 싶다. 프라우다는 진리를 뜻하는 러시아어로, 힌두교 가정에서 중년이라는 개념 대신에 쓰는 개념이기도 하다. 보통 결혼해 가정을 이룬 여성이 다음 세대에 식구들에 대한 통제권이나 사회적 책임을 양도할 때까지의 성숙한 성인기를 뜻한다. 나는 현재 이러한 시기를 살고 있다. 진리를 깨우치며 온전한 나로 사는 시간. 영향력이 있으나 미혹되지 않으며, 누군가의 지표가 되어 줄 수 있는 삶. 즉, 성숙한 나로 익어가는 시간 말이다.

08

할 수 있는 걸 하며 나답게 살기

"안 되면 되게 하라! 할 수 있다!"라는 문장은 군에서 배운 구호이다. 그 덕에 나는 살다가 힘들 때면 나도 모르게 이 문장을 뱉었다. 무거운 워커를 신고 "악이다, 깡이다!"를 외치며 전우들과 구보하던 경험도 나에게는 힘든 삶을 버티게 한 든든한 버팀목이 되었다. 안 되는 줄 알면서도 도전해, 쳐다볼 수도 없던 일을 일상으로 만든 건 그토록 무모한 시절이 있었기에 가능했다. 힘든 순간에도 존재했던 행복을 그때는 몰랐다. 지나고 나서야 알았다. 그런 순간들이 모여서 인생이 되었다.

코로나19 덕분에 성숙한 성인기인 프라우다의 시기를 제대로 경험하고 있다. 적잖은 시간의 홍수를 만나 좋은 습관 만들기 프로젝트도 하게 되었다. 그런데 그 시기에 달리기만 한 건 아니다. 그동안 읽고 싶었던 소설도 많이 읽었다. "소설이나 읽으며 살래요." 라고 말한 지인의 말뜻을 제대로 이해한 시기가 바로 이 시기였다. 가장 기억에 남는 소설은 《창문 넘어 도망친 100세 노인》이다. 처음에는 호기심 때문에 읽기 시작했다. 100세의 노인이 창문을 넘을 수 있을까? 요즘 건강한 어르신을 많이 보았지만 그래도 90세가 넘으면 지팡이를 짚거나 요양원에 들어가는데 말이다. 이 소설은 100세 어르신의 파란만장한 일대기를 보여 준다. 북한의 김일성을 만난 장면에서 '백 살 정도 살면 이 정도쯤이야.'라는 생각이 절로 들었다.

100세가 넘은 어르신을 만난 적이 딱 한 번 있다. 한 달에 한 번 봉사활동을 다니던 양로원에서였다. 그러나 그 어르신은 제자리에 있는 경우가 별로 없었다. 복지사에게 물어보면 어르신은 늘 앵두나무 가지치기를 하러 가셨거나 배추밭에 일하러 가셨다고 했다. 하지 말라고 해도 하신단다. 그 어르신이 100세까지 살 수 있는 이유를 알 것도 같다. 어르신과 기념사진을 찍으며 어떻게 하면 그리 건강하게 살 수 있는지 여쭈었다. 그러자 어르신은 세 가지를 말씀하셨다. 소식할 것, 다 내려놓을 것, 기쁘게 살 것이었다.

나는 대식가이고 먹는 걸 좋아해서 소식은 힘들 것 같다. 다 내려놓는 것도 아직은 힘들다. 그런데 기쁘게 사는 건 할 수 있을 것 같다. 기쁘게 살기라도 하면 나머지 두 가지는 만회가 되지 않을까? 그래서 나는 기쁘게 살기로 했다.

창문 넘어 도망친 100세 노인은 말한다. "소중한 순간이 오면 따지지 말고 누려. 우리에게 내일이 있으리라는 보장은 없으니까. 괜히 고민해 봤자 도움이 안 돼. 어차피 일어날 일은 일어나는 법이니까." 돌아보니 나는 무모한 도전을 많이 했다. 안 되는 일을 되게 하려고 "악이다, 깡이다!"를 외치면서 말이다. 그러나 이제는 할 수 없는 것을 하기보다 잘할 수 있는 것을 더 잘하고 싶다. 새로운 건 새로운 대로 받아들이고 안 되는 건 그냥 두는 아량도 지니고 싶다. 그리하여 그동안 만들어 온 나다움을 발휘하고 싶다.

나답다는 건 20대의 청춘이 누리는 말이 아니다. 나다운 게 무언지 생각하고 질문하면서 무수히 깨지고 다시 만들어 깨닫게 되는 게 나다운 거다. 그러니 청춘은 나다움을 만들어 가는 시기이고 지금의 나는 나다움을 누리는 시기다. 할 수 있는 걸 하면서 나답게 살아가기, 지금이 바로 그런 시기다.

09

반환점을 돌며

《미생》의 윤태호 작가는 체력의 중요성을 이야기한다. 정신력이면 세상에 안 되는 일이 없는 줄 알았던 나도 마흔이 넘어가며 정신력보다 체력이 더 중요함을 깨달았다. 윤태호 작가는 "네가 이루고 싶은 게 있거든 체력을 먼저 길러라. 평생 해야 할 일이라고 생각되거든 체력을 먼저 길러라. 게으름, 나태, 권태, 짜증, 우울, 분노, 모두 체력을 버티지 못해 정신이 몸의 지배를 받아 나타나는 현상이다. 네가 후반에 종종 무너지는 이유, 데미지를 입은 후 회복이 더딘 이유, 실수한 후 복귀가 더딘 이유 모두 체력의 한계 때문이다. 체력이 약하면 빨리 편안함을 찾기 마련이고 그러다 보면 인내심이 떨어지고 그 피로감을 견디지 못하게 되면 승부 따윈 상관없는 지경에 이른다. 이기고 싶다면 충분한 고민을 버텨 줄 몸을 먼저 만들자. 정신력은 체력이라는 외피의 보호 없이는 구호밖에 안 되기 때문이다."라며 체력의 중요성을 이야기했다.

'안 되면 되게 하라. 악이다 깡이다. 할 수 있다.' 이런 구호는 부족한 실력과 체력을 정신력으로 만회하기 위한 시대의 구호였다. 젊음은 그런 거다. 가진 것, 아는 것, 할 줄 아는 것이 없어도 정신력 하나면 무엇이든 할 수 있는 호기와 허세라도 있어야 아름답다. 나도 그랬다. 젊을 때는 몸이 아픈 것도, 능력이 부족한 것도 정신력으로 이겨 내고, 실제로 도전해서 이룬 것도 많았다. 젊으니까, 청춘이니까 할 수 있었다. 그런데 세월의 흔적이 켜켜이 쌓이자 정신력이라는 도끼는 무뎌졌다. 50대는 호기와 허세보다 있는 그대로의 담백함과 진정성이 필요한 시기이다. 무뎌진 도끼를 갈고, 도끼를 들 수 있는 체력을 만드는 지금이다. 지금껏 살면서 나 자신을 위해 달려 본 적이 있었던가? 없던 정신력을 소환해 가며 맨땅에 헤딩하는 기분으로 성공을 위해 달렸다. 더 잘살기 위해, 부모님을 위해, 가족을 위해 달렸고 지금도 달리고 있다. 그렇게 앞만 보고 달렸는데 문득 정신 차려 보니 그곳은 피니시 라인이 아니라 반환점이었다.

인생의 반환점에서 나를 만날 수 있다는 건 축복이다. 100일 달리기는 내가 나와 대화를 나누는 시간이었다. 매일 달려도 매일 다른 고통이 찾아왔고, 매일 달릴까 말까를 고민했다. 스스로 타협하고 토닥이며 매일 아침 문을 열고 나갔다. 코로나19로 인한 불안은 몸과 마음을 마비시키고 불확실함과 혼란스러움을 야기했다. 나는 그런 불안과 두려움을 떨치기 위해 달렸다. 그나마 할 수 있는 일, 그 일을 통해 나는 나를 만나고 배우고 앞으로 나아갔다.

세상이 불확실할 때는 내가 해야 할 일이 명확해야 한다. 100일 동안 매일 5시 반에 10km 달리기. 그 단순한 일에 나는 삶의 의미를 부여했다. 매일 달성하고 기록함으로써 하루하루 성공 경험을 쌓아 갔다. 삶은 과정이 중요하다고 하지만 과정은 결과를 만났을 때만 유의미하다. 성공이든 실패든 해 봐야 다음을 준비할 수 있으니까 말이다.

100일 달리기에 성공했다고 세상이 바뀌지는 않았다. 단지 무언가 하나를 해냈다는 자신감과 충족감이 나를 살아가게 할 뿐이다. 여기까지 읽고 한번 해 볼만 한 일이라고 생각해 당장 시작할 수는 없을 것이다. 그러니 걷기도 좋고, 자전거 타기도 좋고, 수영도 좋다. 운동이어도 좋고 아니어도 상관없다. 단지 내가 할 수 있는 수준보다 강도를 조금 높이면 좋겠다. 할 수 없을 것 같지만 해 보면 또 할 수 있고, 하면 성장한다는 사실을 경험하면서 내 안의 무수히 다른 나를 만나길 바란다. 즐겁게 산다고 쉽게 산다는 의미는 아니다. 어려운 일을 해냈을 때 더 큰 즐거움이 온다는 걸 우리는 이미 알고 있다.

100일 달리기는 끝났지만 나는 이제 막 반환점을 돌았을 뿐이다. 코로나19는 해를 넘기고도 끝날 기미가 보이지 않는다. 세상은 여전히 불확실하지만 나는 또 다른 꿈을 꾼다. 언젠가 책에서 24시간 안에 미 서부 지역 100마일을 달리는 대회를 본 적이 있다. 천천히, 안전하고 꾸준하게 달리다 보면 나에게도 그런 대회에 나갈 수 있는 기회가 오지 않을까. 그런 희망을 품고, 오늘도 나는 운동화 끈을 동여맨다.